COMPREENDER O PAI-NOSSO

Reflexões bíblicas sobre a Oração do Senhor

@editoraquadrante
@editoraquadrante
@quadranteeditora
Quadrante

SCOTT HAHN

COMPREENDER O PAI-NOSSO

Reflexões bíblicas sobre a Oração do Senhor

Tradução
Diego Fagundes

São Paulo
2022

Título original
Understanding "Our Father": Biblical Reflections on the Lord's Prayer

Copyright © 2002, by Scott Hahn

Capa
Gabriela Haeitmann

Dados Internacionais de Catalogação na Publicação (CIP)

Hahn, Scott
    Compreender o Pai-Nosso: reflexões bíblicas sobre a Oração do Senhor; tradução de Diego Fagundes. – São Paulo, SP : Quadrante Editora, 2022.

ISBN: 978-85-7465-373-0

1. Pai-nosso 2. Igreja Católica - Pai-nosso - História e crítica I. Título.

CDD 238.2

Índice para catálogo sistemático:
1. Pai-nosso : Doutrina católica 238.2

Todos os direitos reservados a
QUADRANTE EDITORA
Rua Bernardo da Veiga, 47 - Tel.: 3873-2270
CEP 01252-020 - São Paulo - SP
www.quadrante.com.br / atendimento@quadrante.com.br

Sumário

Agradecimentos 9

Abreviaturas 11

PARTE I - REFLEXÕES CONTEMPORÂNEAS

Introdução. Uma oração que vem do Evangelho 15

Capítulo 1. Pai nosso 19

Capítulo 2. Pai nosso... no céu 25

Capítulo 3. Santificado seja o vosso nome 31

Capítulo 4. Venha a nós o vosso Reino 37

Capítulo 5. Seja feita a vossa vontade 43

Capítulo 6. Assim na terra como no céu 49

Capítulo 7. O pão nosso de cada dia nos dai hoje 55

Capítulo 8. Perdoai-nos... assim como nós perdoamos 61

Capítulo 9. Não nos deixeis cair em tentação 67

Capítulo 10. Tentação, parte 2 73

Capítulo 11. Livrai-nos do mal 77

Capítulo 12. O reino, o poder e a glória 83

Capítulo 13. Palavras finais 87

PARTE 2 - SABEDORIA DOS PADRES DA IGREJA

Capítulo 14. São Cipriano, Tratado sobre a Oração do Senhor
(trechos selecionados) 93

Capítulo 15. São Cirilo de Jerusalém, Catequese mistagógica V
(trechos selecionados) 121

Capítulo 16. São João Crisóstomo, Homilia XIX sobre o Evangelho
de São Mateus (trechos selecionados) 125

Capítulo 17. Santo Agostinho, O Sermão da Montanha (trechos
selecionados) 135

A dom Javier Echevarría – bispo, prelado, sacerdote… e meu pai.

Agradecimentos

Sinto-me obrigado a agradecer a várias pessoas que me foram enviadas por Deus em resposta às minhas orações. Sem elas, eu não teria sido capaz de concluir este volume — e você não o teria nas mãos neste momento. Muito obrigado a Jeff Ziegler, por editar as traduções dos textos da patrística; a Mike Aquilina, por editar meu manuscrito; e a Beth Hart, responsável pelo projeto gráfico deste livro tão lindo.

Abreviaturas

Antigo Testamento

Gênesis: Gn
Êxodo: Ex
Levítico: Lv
Números: Nm
Deuteronômio: Dt
Josué: Js
Juízes: Jz
Rute: Rt
Samuel: 1 Sm / 2 Sm
Reis: 1 Rs / 2 Rs
Crônicas: 1 Cr / 2 Cr
Esdras: Esd
Neemias: Ne
Tobias: Tb
Judite: Jt
Macabeus: 1 Mac / 2 Mac

Jó: Jó
Salmos: Sl
Provérbios: Pr
Eclesiastes: Ecl
Cântico dos Cânticos: Ct
Sabedoria: Sb
Eclesiástico: Eclo
Isaías: Is
Jeremias: Jr
Lamentações: Lm
Baruc: Br
Ezequiel: Ez
Daniel: Dn
Oseias: Os
Joel: Jl

COMPREENDER O PAI-NOSSO

Amós: Am
Abdias: Ab
Jonas: Jn
Miquéias: Mq
Naum: Na

Habacuc: Hab
Sofonias: Sf
Ageu: Ag
Zacarias: Zc
Malaquias: Ml

Novo Testamento

Mateus: Mt
Marcos: Mc
Lucas: Lc
João: Jo
Atos: At
Romanos: Rm
Coríntios: 1 Cor / 2 Cor
Gálatas: Gl
Efésios: Ef
Filipenses: Fl
Colossenses: Cl

Tessalonicenses: 1 Ts / 2 Ts
Timóteo: 1 Tm / 2 Tm
Tito: Tt
Filêmon: Flm
Hebreus: Hb
Tiago: Tg
Pedro: 1 Pe / 2 Pe
João: 1 Jo / 2 Jo / 3 Jo
Judas: Jd
Apocalipse: Ap

PARTE 1
Reflexões contemporâneas

Introdução

Uma oração que vem do Evangelho

A oração em questão já foi chamada de *Pater Noster*, Pai-Nosso, Oração Modelo e Oração do Senhor. Alguns acreditam ser incorreto chamá-la de Oração do Senhor, uma vez que Jesus não pecou e, por isso, não podia pedir perdão ou fazer essa oração como se de fato Lhe viesse do coração. Para essas pessoas, a oração se chama Oração dos Discípulos.

Qualquer que seja o nome escolhido, uma coisa é certa: essa é uma oração de extrema importância. Está no centro do «sermão mais famoso que já existiu» — o Sermão da Montanha. Esse não é apenas o sermão mais famoso, como também o primeiro momento do Evangelho em que encontramos Jesus pregando. São três capítulos inteiros (Mt 5-7); não se trata, portanto, de uma homilia como qualquer outra! E nesses três capítulos encontramos algo que não aparece em nenhum outro ponto dos quatro primeiros capítulos de Mateus, a saber: a paternidade de Deus. Embora ainda não tivesse citado essa ideia nem sequer uma vez, Jesus se refere a Deus como Pai nada menos do que

COMPREENDER O PAI-NOSSO

dezessete vezes ao longo do sermão. Ele também evoca várias outras imagens e termos ligados à família, como: casamento, esposa, irmão, filhos, casa em construção, e assim por diante. Nada mais natural, portanto, que a oração central do sermão mais famoso da história comece com as palavras «Pai nosso». No entanto, a paternidade é apenas o começo; o contexto é a família. Tudo isso pode soar muito familiar para nós. De fato, esse é um tema sobre o qual já ouvimos muito, mas talvez tenhamos refletido pouco. Se for esse o caso, é preciso mudar.

Frequentemente, somos tentados a encarar o Pai-Nosso como um conjunto de frases profundamente inspiradas, mas enunciadas segundo uma necessidade repentina — algo que Nosso Senhor improvisou ali, de súbito, diante de uma pergunta inesperada. Naturalmente, admitimos que se trata de uma excelente oração — já que veio do próprio Jesus —, mas não nos dedicamos a encontrar uma estrutura ou uma lógica subjacente a algo que surge de maneira tão espontânea.

Essa abordagem, no entanto, está totalmente equivocada. A Oração do Senhor reflete a mais profunda das preocupações de Jesus sobre a terra: conversar com Seu Pai. A partir daí, ela se desloca suavemente para a segunda maior preocupação de Jesus: fazer que Seu Pai seja também nosso Pai, de forma que possamos participar dessa conversa íntima, constante e habitual. Sem sombra de dúvida, a Oração do Senhor é muito mais do que o fruto de um surto de inspiração momentânea que acometeu Jesus naquele momento. Ela é, antes, um presente muito aguardado. De fato, essa oração é a resposta a um pedido frequentemente repetido pelos homens: «Senhor, ensina-nos a rezar» (Lc 11, 1).

Com efeito, esse desejo de rezar e a pergunta de como fazê-lo certamente vieram como resposta às orações do próprio Jesus. Se Ele rezou por uma noite inteira antes de escolher os doze seguidores que viriam a formar seu círculo interno de discípu-

INTRODUÇÃO. UMA ORAÇÃO QUE VEM DO EVANGELHO

los, é de se supor que também tenha rezado por dias e dias para que esses homens se tornassem discípulos *verdadeiros*. Isso não poderia ter acontecido sem muitas orações, e não apenas vindas de Jesus, mas também desses próprios homens. Os discípulos precisavam mais de oração do que de cajados, sandálias, roupas, sacolas, peixe, comida e bebida. Por isso, deveriam aprender a rezar como Jesus, usando as palavras indicadas pelo próprio Jesus, da mesmíssima forma como Ele rezava.

E isso nos traz de volta ao Pai-Nosso.

A Oração do Senhor é um padrão unificado e resumido que consiste em sete súplicas divisíveis em duas partes: na primeira, o ponto principal é Deus; na segunda, somos nós. Jamais existiu obra poética que tivesse a perfeição do Pai-Nosso. Se tivéssemos mais tempo, poderíamos avançar na reflexão sobre a estrutura setenária da oração, que espelha as sete parábolas de Mateus 13, os sete «ais» de Mateus 23 e as Bem-aventuranças[1]. Essa discussão, no entanto, faria deste livro uma monografia acadêmica, e não uma meditação.

Mesmo assim, se você quiser ver como o Pai-Nosso muda as almas daqueles que o utilizam para rezar, observe a estrutura da oração mais de perto. Na primeira parte, o foco claramente está em Deus — no «vosso nome», no «vosso Reino», na «vossa vontade». Na segunda parte, entretanto, o foco recai sobre nós mesmos e sobre as nossas necessidades: «nos dai hoje», «perdoai-nos», «não nos deixeis», «livrai-nos». A sequência é relevante, pois inverte a ordem instintiva dos nossos pedidos. Quando rezamos espontaneamente, tendemos a começar com nossos problemas, nossas vontades frustradas e nossa lista de desejos pessoais. Mas Jesus nos mostra que, no momento da oração, precisamos ser menos autocentrados e mais centrados em Deus — não porque Deus precise de nossas orações ou seja

---

(1) Cf. Santo Agostinho, *O Sermão da Montanha*, capítulos 1 a 5.

COMPREENDER O PAI-NOSSO

muito sensível, mas porque Ele é Deus, e nós não. A sequência mesma do Pai-Nosso é uma exortação a que nos reorientemos e nos ajustemos à realidade.

Espero que este livro seja uma resposta às suas orações, bem como à oração originalmente feita pelo Senhor. Afinal, Ele ainda nutre o mesmo desejo com relação a seus discípulos: o de que o Pai dEle seja também nosso Pai.

CAPÍTULO 1

Pai nosso

Eu era universitário, não tinha nem vinte anos de idade e ainda estava vivendo a euforia de uma conversão recente. Havia «nascido de novo»; Cristo me salvara dos pecados que me teriam destruído, e eu estava ansioso para compartilhar a minha fé com outros jovens que pareciam fadados a entrar na vida do crime. Por isso, não hesitei em aceitar um trabalho temporário de verão numa área de baixa renda, ajudando a coordenar programas de assistência social voltados para jovens carentes. Na direção do ministério estavam dois jovens que haviam se convertido depois de anos como membros de gangues. Um deles era ex-membro dos Panteras Negras.

A juventude conturbada que tinham vivido fora providencial, pois os tinha preparado para o ministério que vieram a exercer naquela região da cidade (frequentada majoritariamente por traficantes e policiais, e repleta de lojas com tábuas de madeira no lugar de vitrines e janelas). No primeiro dia, eles foram severos e incisivos comigo e me mostraram o quarto espartano onde passaria as minhas noites; numa delas, ainda no início do verão, eu estava de joelhos rezando quando ouvi um tiroteio do lado de fora, com as balas zunindo e passando perto da minha janela. Mesmo assim, posso afirmar que me sentia feliz por estar ali. A miséria e o perigo aumentavam ainda mais a minha consciência de que as pessoas naquele bairro precisavam de Jesus Cristo.

A sede de ter um pai

Passaram-se semanas até que os diretores do ministério julgassem que eu estava pronto para dar palestras motivacionais para os garotos. Eles então conversaram comigo uma última vez, a fim de garantir que eu realmente conhecia o contexto doméstico em que aqueles garotos viviam. A maioria deles, segundo me disseram os diretores, havia sido criada apenas pela mãe. Muitos não sabiam nem o nome do pai. Alguns até tinham pais, mas estavam presos ou mortos (por terem entrado para a vida do crime).

Os diretores do programa haviam passado a vida inteira em bairros como aquele. À medida que conversavam comigo, pintavam uma imagem sombria daquela subcultura, dentro da qual os jovens não tinham nenhuma experiência ou memória recente da presença de um pai na família. E toda essa narrativa convergia no seguinte ponto: «Quando conversar com esses garotos, não se refira a Deus como Pai deles. Essa é uma experiência com a qual não conseguem se identificar, e que os afasta e desestimula».

Fiquei chocado. Como seria possível para um cristão falar de Deus sem mencionar a ideia de paternidade?

Finalmente havia chegado o momento pelo qual eu tanto esperara — o dia em que pregaria o Evangelho para jovens «em situação de risco» —, e eu sabia que não conseguiria fazê-lo da maneira como os meus diretores queriam.

CAPÍTULO 1. PAI NOSSO

Por isso, perguntei a eles: como seria possível colocar aqueles jovens no caminho que leva ao Filho de Deus sem mencionar Seu eterno Pai? E como seria possível orientá-los a rezar de outra forma que não aquela vinda do próprio Jesus — isto é, por meio do «Pai-Nosso»?

Argumentei com muito entusiasmo e fervor, e no fim das contas acabei por convencê-los a me deixaram fazer a pregação do meu jeito.

E foi o que fiz. Mais tarde, meus diretores reconheceram que fora bem-sucedido. Quando falei sobre Deus como Pai, não fiz referência à memória daqueles jovens, mas às necessidades que tinham. Eles tinham sede — não de água, mas de ter um pai. Eles sabiam o que lhes faltava na vida e ansiavam pelo momento em que encontrariam, em Deus, esse elemento faltante.

Existe apenas um Deus. Trata-se do Deus que nos foi revelado por Jesus, e foi Ele quem criou os corações daqueles jovens e adolescentes. Deus nos fez para Si, disse Santo Agostinho, e o nosso coração está inquieto enquanto não repousa nEle — o único Deus verdadeiro[1].

Pai Eterno

Como protestante evangélico, eu havia lido as palavras do teólogo anglicano J. I. Packer: «Pois tudo aquilo que Cristo nos ensinou (…) está resumido no conhecimento da paternidade de Deus. "Pai" é o nome cristão de Deus»[2].

Como católico calejado, volto as minhas atenções para as palavras de Tertuliano. Esse cristão africano que viveu no século

---

(1) Santo Agostinho, *Confissões*, livro 1, capítulo 1.

(2) J. I. Packer, *Evangelical Magazine*, 7, p. 19ss. Citado em J. I. Packer, *Knowing God*, InterVarsity Press, Downers Grove, 1973, p. 182.

COMPREENDER O PAI-NOSSO

III escreveu que, antes de Cristo, «a expressão "Deus Pai" não havia sido revelada a ninguém. Moisés ouviu outro nome quando perguntou a Deus quem Ele era. O nome do Pai foi revelado para nós na pessoa do Filho, pois o nome "Filho" implica o novo nome "Pai"»[3].

Por ter se escondido até a vinda de Jesus, o nome surge como coisa nova para a humanidade a partir do Novo Testamento. Mas ele não foi cunhado ali, pois o nome de Deus, desde toda a eternidade, é Pai.

Jesus no-lo revelou ao final de seu ministério terreno, quando instruiu seus discípulos a batizar «em nome do Pai, do Filho e do Espírito Santo» (Mt 28, 19).

A nomenclatura que Jesus usa aqui é radicalmente diferente de tudo aquilo que o mundo já tinha visto até então. Outras religiões referiram-se a seus respectivos deuses como pais, mas apenas em sentido metafórico — isto é, com a intenção de dizer que determinado deus era *como* um pai, uma vez que era um agente de criação e guiava e protegia certo povo.

Jesus louva a Deus como Criador, Guia e Protetor, mas, na condição de Filho Eterno, também deu a Ele o nome de Pai Eterno. Com efeito, Pai só pode ser o nome de Deus — sua identidade pessoal — se Deus for Pai por toda a eternidade.

Pense nos outros títulos que conferimos a Deus: Criador, Legislador e Médico. Ele é Criador apenas *depois* de ter criado alguma coisa; portanto, essa não é a identidade pessoal dEle. Da mesma forma, Ele só é Legislador *depois* de nos ter dado a lei; por conseguinte, não pode ser um legislador eterno. Por fim, Ele só é Médico *depois* de haver criaturas que precisam de cura.

---

(3) Tertuliano, *De oratione*, capítulo 3. Citado em *Catecismo da Igreja Católica*, n. 2779.

CAPÍTULO 1. PAI NOSSO

No entanto, Ele é eternamente Pai, uma vez que gera eternamente o Filho, e os dois juntos sopram o Espírito, vínculo eterno do amor que Os une[4].

Uma questão de família

A eterna relação entre o Pai e o Filho não é uma metáfora. Na realidade, a paternidade humana é que é uma metáfora da paternidade divina. A paternidade humana é uma imagem projetada da paternidade de Deus — uma imagem mais ou menos vívida, dependendo dos pecados do pai em questão. Santo Efrém da Síria expôs isso de maneira muito acertada. Os pais terrenos, disse, «chamam-se pais, mas Ele é o Pai verdadeiro. (…) Os termos "pai" e "filho" pelos quais somos chamados são nomes que pegamos de empréstimo e que, por meio da graça, nos ensinam que só há um Pai verdadeiro, que tem um único e verdadeiro Filho»[5].

Deus é pai de Jesus, e Jesus, por sua vez, compartilha conosco sua condição de Filho. Nas palavras ancestrais da Igreja, tornamo-nos «filhos no Filho» por meio do batismo. Tornamo-nos literalmente participantes da natureza divina (cf. 2 Pe 1, 4). Fomos feitos para a divindade. Fomos feitos para participar do amor que existe entre Cristo e o Pai. Somente depois de compreender isso é que podemos verdadeiramente rezar: «nada me faltará» (Sl 22, 1). Nada nos faltará porque o Senhor, além de ser nosso Pastor, é também nosso Pai. Em última análise, alguém que vive a vida de Deus não precisa de nada além dessa vida.

---

(4) Cf. meu livro *O amor vem primeiro*, Quadrante, São Paulo, 2020, capítulos 3-5.

(5) Santo Efrém, *Hino 46 sobre a fé*. Citado em Andrew Louth, *Denys the Areopagite*, Morehouse-Barlow, Wilton, 1989, p. 80.

COMPREENDER O PAI-NOSSO

Deus é nosso Pai porque participamos da filiação por meio de Jesus. Observe que não nos referimos a Deus como «meu Pai», mas como «Pai nosso». Quando nos uniu uns aos outros em Cristo, Deus fundou uma família humana universal na Igreja. Nas palavras do papa João Paulo II: «O Pai, Criador do universo, e o Verbo Encarnado, Redentor da humanidade, são a fonte desse chamado universal para que todos sejamos irmãos e irmãs, e nos impelem a *abraçá-los todos com a oração* que começa pelas ternas palavras: "Pai nosso"»[6]. É por causa da nossa condição partilhada de filhos que temos o direito de nos referir a Deus como a um Pai que temos em comum — o *nosso* Pai.

Todas as palavras que vêm a seguir na Oração do Senhor — de fato, todas as verdades da fé cristã — podem ser compreendidas como um desdobramento dessa compacta abertura: «Pai nosso».

---

(6) Papa João Paulo II, Carta às famílias *Gratissimam sane*, 2 de fevereiro de 1994, n. 4, grifo do autor.

CAPÍTULO 2

Pai nosso... no céu

Se queremos ser cristãos, não temos escolha: é preciso rezar o Pai-Nosso. Quando os primeiros discípulos pediram a Jesus que lhes ensinasse a rezar, Ele o fez usando exatamente essas palavras. Rezar como um cristão é rezar o Pai-Nosso.

No entanto, como aprendi já naqueles primeiros dias do meu ministério, a palavra *pai* tornou-se uma pedra no sapato de algumas pessoas. Hoje em dia o divórcio é algo comum, assim como ter filhos fora do casamento. Um famoso autor descreveu o país onde vivo como uma nação «sem pai»[1]. Para um número cada vez maior de pessoas, portanto, a palavra «pai» não faz referência alguma a um provedor, professor ou guardião, mas a uma dolorosa ausência... ou a uma presença abusiva.

Além disso, mesmo crianças que tiveram bons pais têm perfeita consciência dos defeitos, dos problemas e dos pecados deles. Os pais mais bem-intencionados frequentemente erram na execução de seus intentos. O que nós, pais humanos, não faría-

---

(1) David Blankehhorn, *Fatherless America: Confronting Our Most Urgent Social Problem*, Harper Collins, Nova York, 1996.

mos por nossos filhos! Mas nem sempre podemos lhes dar tudo o que nos pedem ou de que precisam; e, quando podemos, não sabemos fazê-lo sem mimá-los.

Nós e nosso Pai

É por isso que a tradição nos ensina a ir além das nossas experiências mundanas e das memórias que temos de nossos pais quando rezamos o Pai-Nosso. Pois, embora seja um provedor, um criador e um protetor, a comparação entre Deus e nossos pais humanos (ou patriarcas, ou figuras paternas) revela mais *diferenças* do que *semelhanças*. O Catecismo o coloca da seguinte forma: «É que Deus, nosso Pai, transcende as categorias do mundo criado. Transpor para Ele ou contra Ele as nossas ideias neste domínio seria fabricar ídolos, a adorar ou a derrubar. Orar ao Pai é entrar no seu mistério, tal como Ele é e tal como o Filho no-Lo revelou»[2].

E de que maneira Jesus, Deus Filho, nos revelou o Pai? Como o *Pai nosso que estais no céu* (Mt 6, 9). Ao acrescentar o termo preposicional «no céu», Jesus enfatiza que a paternidade de Deus é diferente. O Pai para o qual rezamos não é um pai terreno. Ele está «acima» de nós; é Ele que chamamos de «Deus Pai Todo-Poderoso» no Credo. Embora sejamos fracos e sujeitos ao erro, para Deus nada é impossível (cf. Lc 1, 37).

O poder de Deus, portanto, diferencia sua paternidade de qualquer outra que possamos ter conhecido ou imaginado. «A sua paternidade e o seu poder esclarecem-se mutuamente»[3]. À diferença dos pais terrenos, Ele sempre nutre as melhores intenções em relação a seus filhos e tem a capacidade de executá-

---

(2) *Catecismo da Igreja Católica*, n. 2779.
(3) *Idem*, n. 270.

CAPÍTULO 2. PAI NOSSO... NO CÉU

-las com perfeição. Jesus queria que soubéssemos disso para que pudéssemos nos aproximar do nosso Pai celeste com a confiança de uma criança: «Tudo o que pedirdes com fé na oração, vós o alcançareis» (Mt 21, 22).

O Catecismo nos ensina que Deus «mostra a sua onipotência paterna pelo modo como cuida das nossas necessidades»[4]. Conhecemos a Deus como Pai porque, ao longo de toda uma vida de oração, podemos sentir o cuidado que tem para conosco. Passamos a ver com nossos próprios olhos que Ele de fato é poderoso e que jamais nos negará algo que seja bom para nós.

Da herança à paternidade

A paternidade terrena às vezes reflete essas características, e o mesmo acontece com aquelas posições sociais que dialogam com funções paternas (o sacerdócio e os cargos governamentais, por exemplo). Entretanto, os pais terrenos só conseguem aperfeiçoar sua paternidade quando se purificam dos impulsos mundanos, como a ganância, a inveja, o orgulho e o desejo de controle. Eles só se tornam pais verdadeiros ao adequarem sua imagem à imagem do Pai celestial, que é a imagem do Filho Primogênito, Jesus Cristo.

No governo, na paternidade e no sacerdócio, podemos aprimorar nosso desempenho à medida que «crescemos» na Família de Deus: «somos filhos de Deus e, se filhos, também herdeiros, herdeiros de Deus e co-herdeiros de Cristo» (Rm 8, 16-17). Esse processo é um corretivo divino às distorções modernas que acometem as noções de patriarcado e hierarquia.

Dionísio Areopagita, antigo autor cristão, descreveu a hierarquia como algo que tem origem no céu, onde a luz divina passa

---

(4) *Ibidem.*

COMPREENDER O PAI-NOSSO

através dos anjos e santos como se fosse tudo transparente[5]. Assim, os dons de Deus passam de uma pessoa para outra sem sofrer diluição nenhuma. Aqueles que estão mais próximos de Deus — e ocupam, portanto, um posto mais alto na hierarquia celeste — servem aos que estão mais distantes. Eles ofertam ao próximo o mesmo que Deus lhes ofertou, sem guardar nada para si.

Aqui, convém observar como os bens espirituais diferem dos bens materiais. Se detenho a posse exclusiva de alguma coisa — digamos, um casaco ou uma gravata —, ninguém mais pode usar e possuir esse objeto enquanto eu o faço. Os bens mais elevados, no entanto, são espirituais; e os bens espirituais — como a fé, a esperança, o amor, a liturgia e os méritos dos santos — podem ser compartilhados e possuídos simultaneamente por todos. É assim que funciona a hierarquia entre os anjos e os santos no céu.

Para que essa partilha possa ocorrer «assim na terra como no céu», é preciso que a paternidade terrena seja perfeita — algo que só pode ocorrer se rezarmos, com todo o nosso coração: *Pai Nosso que estais no céu.* Deus é o Pai primordial, ao qual se deve a existência de *toda família no céu e na terra* (Ef 3, 15). Ele é o modelo eterno a partir do qual todos os pais humanos devem ser medidos.

Por que «no céu»?

Ao longo do tempo, muitos céticos questionaram se rezar para o nosso Pai que está «no céu» é coerente com a crença de que «Deus está em todo lugar» e de que Ele habita em nós (cf. Jo 14, 16-23).

---

(5) Dionísio Areopagita, *A hierarquia celeste*, capítulo 13.

CAPÍTULO 2. PAI NOSSO... NO CÉU

Sim, Deus está em todo lugar, tanto na terra como no céu. Está sempre presente conosco e mora dentro de nós quando estamos em estado de graça, livres de pecado mortal. No entanto, Jesus nos ensina a rezar dizendo «Pai Nosso, que estais no céu», porque Ele quer que desviemos o olhar do nosso exílio terreno para olhar em direção à nossa verdadeira casa. São João Crisóstomo disse-o bem: Jesus nos ensinou a rezar dessa maneira não para «limitar Deus aos céus», mas para que pudéssemos nos fixar «nas habitações e nos lugares mais elevados»[6]. Deus nos fez para Si; Ele nos fez para o céu. O céu não está a anos-luz de distância — está separado de nós por nossos pecados. No entanto, o próprio Deus criou nosso lugar de exílio, e trata-se de um bom lugar. É comum, portanto, que nos acomodemos em nossas vidas terrenas e esqueçamos do nosso destino eterno. Pense nos israelitas vagando pelo deserto; depois de alguns anos de suplício, passaram a sentir saudade da escravidão no Egito, pois naquela época pelo menos tiveram algo que lhes enchesse a barriga.

Nós também podemos acabar pensando assim. Quando somos soterrados pelos problemas terrenos, as promessas celestes parecem remotas e irreais. Quando fixamos nosso olhar apenas no horizonte mais próximo, o ressentimento, a ganância e os pensamentos contaminados pela inveja parecem fazer todo o sentido. Afinal, quando acompanhamos a lógica sedutora desses sentimentos, pensamos que talvez seja possível obter no presente tudo aquilo que queremos.

O remédio para isso, é claro, consiste em voltar os olhos para o alto — para o céu, nossa casa prometida. Por sua misericórdia e poder — por sua paternidade! —, Deus nos prometeu grandes coisas. Hoje, vivemos em estado de graça; no futuro, no entanto, quando estivermos com nosso Pai no céu,

---

(6) Cf. p. 126.

29

COMPREENDER O PAI-NOSSO

viveremos em estado de glória. Hoje, somos templos dEle; no futuro, Ele será nosso Templo (cf. Ap 21, 22). Hoje, Ele vive em nós; no futuro, viveremos nEle.

Embora ainda não estejamos em casa, Deus Pai está conosco e tem o poder para nos guiar pelo deserto e para o outro lado do rio Jordão. Embora tenhamos uma longa jornada pela frente, Ele está sempre entre nós.

CAPÍTULO 3

Santificado seja o vosso nome

Sempre que rezamos a Oração do Senhor, reconhecemos que o nome de Deus é «santificado» (Mt 6, 9). Mas o que isso significa? Será que o sentido que atribuímos ao termo é o mesmo que Jesus atribuía?

A maioria das pessoas associa a palavra «santo» a coisas transcendentes — coisas «inteiramente alheias», na definição do acadêmico Rudolf Otto, que viveu no século XX[1]. Aquilo que é santo é totalmente diferente das coisas com as quais temos contato em nossa vida cotidiana. «Santo, santo, santo» é algo que mesmo os anjos cantam na presença de um Poder e de um Mistério que inspira temor e espanto (cf. Is 6, 2-3; Ap 4, 8).

Alguns estudiosos sugerem que os autores bíblicos invocam o nome do Senhor (em vez de invocarem a Pessoa do Senhor) para evitar, de maneira consciente, o uso de um termo que possa indicar intimidade. Como eles mesmos assinalam, o salmista diz:

---

(1) Rudolf Otto, *The Idea of the Holy: An Inquiry into the Non-Rational Factor in the Idea of the Divine and Its Relation to the Rational*, 2ª edição, trad. John W. Harvey, Oxford University Press, Londres, 1950, p. 26.

COMPREENDER O PAI-NOSSO

«Nosso auxílio está no nome do Senhor, que fez o céu e a terra» (Sl 124, 8), em vez de dizer apenas: *nosso auxílio está no Senhor.* No caso desse versículo, os autores acreditam que Davi está se distanciando verbalmente de um Deus transcendente. A ideia, em si, só é verdadeira em parte. De fato, Deus é transcendente, poderoso, misterioso e temível. Nosso Deus é um Deus maravilhoso. Entretanto, quando mencionamos o nome dEle como algo «santificado», estamos fazendo muito mais do que expressar nosso espanto ou afirmar um fato sobrenatural. Nossas orações não são o equivalente piedoso de um cientista lidando com distâncias de «bilhões e bilhões» de anos-luz.

Com efeito, a santidade para Jesus é praticamente o oposto do que é para Rudolf Otto. O acadêmico acredita que ela deve ser medida pelo espanto ou pelo temor que inspira nos fiéis. Jesus, por outro lado, vê a santidade como um atributo eterno de Deus, algo que Ele já possuía antes mesmo da Criação — antes, portanto, que os anjos e os seres humanos pudessem ficar espantados com Seu poder.

Não se trata de dizer que Jesus não considerava Deus misterioso ou poderoso, mas de dizer que o mistério e o poder de Deus não são aquilo que O tornam santo. «Santo» é o nome dEle — ou seja, a essência da sua identidade, algo que independe da existência de seres que possam perceber o quão maravilhoso Ele é.

Além disso, a essência da santidade de Deus não tem por objetivo distanciá-Lo de nós, mas trazer-nos para perto dEle numa relação de intimidade.

Bênção ou maldição?

Em hebraico, a palavra para santidade é *kiddushin*, que também significa *casamento.* O que é santo está consagrado, separado de todo o resto — nesse sentido, é transcendente. No

CAPÍTULO 3. SANTIFICADO SEJA O VOSSO NOME

entanto, é separado não para que esteja isolado, mas para um propósito de caráter pessoal e interpessoal; não para a distância, mas para a intimidade. No mundo antigo, essa consagração era alcançada por meio de uma aliança. Mais do que um contrato, mais do que um tratado, a aliança criava um elo familiar entre pessoas ou nações. Um casamento assumia a forma de um juramento de aliança; o mesmo se dava com a adoção de uma criança ou com o ato de nomear um recém-nascido. Essas novas relações familiares traziam consigo certos privilégios e obrigações. As partes envolvidas em uma aliança invocavam o nome de Deus quando se comprometiam a cumprir suas responsabilidades. Se falhassem, estavam sujeitas às mais rigorosas penas, pois se haviam colocado sob o julgamento divino. Numa relação de aliança, as partes envolvidas estavam, de fato, invocando uma bênção ou uma maldição (cf. Dt 11, 26). Se cumprissem suas obrigações, receberiam as bênçãos de Deus; do contrário, atrairiam maldições contra si mesmas.

O próprio nome de Deus servia como juramento. Pronunciar o nome dEle era invocá-Lo e colocar-se sob seu juízo. O nome de Deus é o poder por trás da aliança.

O nome divino, portanto, é a própria identidade dEle na aliança. Trata-se de uma identidade pessoal, e é também o que comprova nossa relação pessoal com Ele. Quando invocamos esse nome — «Pai nosso»! —, Deus responde como um Pai, e nós recebemos o auxílio dEle. Também ficamos sujeitos ao seu julgamento, mas esse julgamento é uma bênção para aqueles que se valem de sua ajuda.

Quando Jesus nos ensina a rezar dizendo: «Santificado seja o vosso nome» (Mt 6, 9), o que faz é nos mostrar que o nome de Deus está consagrado. O nome de Deus é santo; não é meramente transcendente ou misterioso — é também íntimo, pessoal e interpessoal. É o fundamento da aliança.

33

COMPREENDER O PAI-NOSSO

Chamando pelo nome

Esse é um fato impressionante, sobretudo se considerarmos que Deus é maravilhoso e transcendente. Ele é tudo isso... e também é nosso. Ele é nosso Pai!

Pensemos sobre a seguinte passagem do Êxodo, quando Deus está definindo os termos de sua aliança com Israel: «Agora, pois, se obedecerdes à minha voz e guardardes minha aliança, sereis o meu povo particular entre todos os povos. Toda a terra é minha» (Ex 19, 5). Essa parece ser uma afirmação contraditória. Primeiro, Deus diz que Israel é posse dEle; depois, diz que o mundo todo é dEle. Mas, afinal, o que Israel tem de diferente?

Ocorre que Deus estava ali delineando a existência de uma relação especial com Israel, e o fez usando a palavra *segullah*, que se refere a algo separado, reservado para o uso de um rei. Afinal, o rei é o dono oficial de todas as terras de seu reino, mas o palácio real fica separado para seu uso privado. Todas as joias que existem no reino são dele, mas ele goza de uma posse especial sobre as joias da coroa.

Reconhecemos, portanto, que somos como uma posse especial de Deus e que Deus é nosso. Somos filhos dEle, e não apenas seres que Ele criou. Todas as criaturas têm Deus como seu Começo e seu Fim; nós, por outro lado, somos como filhos do Rei, moramos no palácio real e somos herdeiros do trono.

O nome de Deus está separado — *segullah* — como posse do Rei dos céus e daqueles que, por aliança, são filhos do Rei. Ao possuirmos Deus, reconhecemos que o nome dEle é santo, consagrado, separado para as conversas íntimas que se dão no âmbito da Família de Deus.

Disse a Virgem Maria: «realizou em mim maravilhas aquele (...) cujo nome é Santo» (Lc 1, 49). Ele não é santo meramente em relação aos homens que com Ele se assombram. O nome dEle é santo desde toda a eternidade, pois nós O invocamos

CAPÍTULO 3. SANTIFICADO SEJA O VOSSO NOME

pelo nome próprio: Espírito Santo. Como membros da família de Deus na terra, partilhamos da santidade dEle porque somos chamados pelo nome dEle e somos filhos da aliança, a qual invocamos sempre que dizemos: «Pai nosso».

É por isso que jamais devemos pronunciar «o nome de Javé (...) em prova de falsidade» (Ex 20, 7), como dizem as palavras do mandamento. Quando invocamos o nome do Senhor, estamos lembrando Deus da relação especial que Ele tem conosco. Não fazemos isso por Deus, é claro, mas por nós mesmos. Afinal, Ele não se esquece de nada, embora nós o façamos repetidas vezes. Quando invocamos o santo nome de Deus, devemos estar preparados para abordá-Lo como «nosso Pai». Isso significa que devemos nos colocar sob o seu juízo, o que nos trará grandes bênçãos ou grandes maldições. Pois um pai espera mais de seus filhos do que um juiz espera de um réu, da mesma forma como um professor espera sempre mais de seus próprios alunos e um chefe, de seus funcionários.

Quando falamos do nome de Deus, não estamos recebendo menos de Deus, nem colocando uma distância maior entre nós e Ele. O Senhor revelou seu nome para que possamos invocar seu poder e nos aproximar dEle em comunhão. Esse é o mistério mais maravilhoso que podemos conhecer.

CAPÍTULO 4

Venha a nós o vosso Reino

Se algumas pessoas encontram dificuldades para identificar Deus como Pai — devido à relação conturbada que elas próprias tiveram com seus respectivos pais —, mais dificuldades ainda terão para compreender a relevância de Deus como Rei. Se os pais humanos estão desaparecendo, os monarcas já foram praticamente extintos.

Meu país se orgulha de ter nascido a partir da revolta contra um rei, e também de que nenhum soberano jamais governou nosso território desde então. Muitos outros países (na Europa, por exemplo) mantiveram seus monarcas, mas apenas como figuras cerimoniais, dotadas de pouca autoridade ou poder. De maneira geral, a ideia ancestral de realeza só chegou à maioria de nós por meio dos contos de fadas que lemos e ouvimos na infância.

Ouso dizer que estamos perdendo algo com isso. Estamos perdendo uma ideia que vibra no coração do Evangelho. Pois, se Jesus veio por um motivo, foi para estabelecer um Reino: «o Reino dos céus está próximo» (Mt 10, 7).

COMPREENDER O PAI-NOSSO

A ideia do Reino claramente é importante para Jesus e para os santos autores do Novo Testamento. Só no Evangelho de Mateus há mais de quarenta referências ao «Reino de Deus» e ao «Reino dos céus». Ao longo dos Evangelhos, Jesus quase sempre desenvolve a ideia por meio de parábolas, embora às vezes apresente as coisas de maneira ainda mais clara: «o Reino de Deus já está no meio de vós» (Lc 17, 21). No entanto, a nós que vivemos no mundo atual, o significado dessas afirmações aparentemente simples pode ser difícil de apreender. Para que possamos entender o que Jesus quis dizer com «Reino», precisamos descobrir o que significava «Reino» no idioma dEle e da nação onde vivia.

Um rei para chamar de meu

A palavra «Reino» tinha um significado concreto para o povo israelita. De fato, as doze tribos de Israel consideravam-se coletivamente o «Reino de Deus».

Por muitos séculos, desde o Êxodo até por volta do ano 1000 a.c., as tribos viveram na terra prometida, reconhecendo apenas Javé como rei (cf. Dt 33, 5). Ao menos em teoria. Na prática, as pessoas ainda tinham certo complexo de inferioridade e queriam que sua nação fosse como as outras, com os mesmos símbolos de poder mundano. Elas queriam ter um rei, um trono, uma dinastia real. No livro dos Juízes, lemos que as pessoas clamavam para que o grande guerreiro Gideão fosse coroado rei. Gideão, no entanto, disse-lhes: *Não reinarei sobre vós, nem meu filho tampouco; é o Senhor quem será o vosso rei* (Jz 8, 23). Mesmo assim, o clamor fez-se ouvir novamente entre os membros de uma nova geração: *Dá-nos um rei que nos governe, como o têm todas as nações* (1 Sm 8, 5).

CAPÍTULO 4. VENHA A NÓS O VOSSO REINO

Deus concedeu ao povo o que eles queriam — embora, no longo prazo, tenha lhes concedido o que Ele mesmo queria. Com efeito, a dinastia que veio a se estabelecer foi justamente a linhagem do rei Davi, que era «um homem segundo o seu coração» (1 Sm 13, 14) — isto é, segundo o coração de Deus; e da linhagem de Davi viria um Rei que uniria todas as nações do mundo para que se tornassem súditas de Deus. Deus disse a Davi: «Pede-me; dar-te-ei por herança todas as nações» (Sl 2, 8). E a casa de Davi reinaria não apenas de maneira universal, como também por toda a eternidade. Essa promessa era a substância fundamental da aliança entre Deus e Davi: «Suscitarei depois de ti a tua posteridade (...). Eu serei para ele um pai e ele será para mim um filho. (...) Tua casa e teu reino estão estabelecidos para sempre diante de mim, e o teu trono está firme para sempre» (2 Sm 7, 12.14.16). Mesmo quando a linhagem de Davi esteve em aparente declínio — quando as terras do reino viviam sob o tumulto da rebelião e o povo estava espalhado e exilado —, os profetas previram que o reino de Israel (e, portanto, o Reino de Deus) seria restaurado por um descendente honrado de Davi (cf. Jr 23, 5).

Reino pela Aliança

O Rei honrado, Filho de Davi e Rei dos Reis veio a ser Jesus Cristo. As primeiras palavras do Novo Testamento indica a realeza presente na linhagem de Jesus: «Genealogia de Jesus Cristo, filho de Davi» (Mt 1, 1). Por várias vezes Ele é chamado de «Filho de Davi», embora muitos judeus considerassem que a linhagem de Davi já estava extinta havia séculos.

Os evangelistas têm bastante cuidado ao retratar a ascendência real de Jesus, mesmo nos relatos que falam sobre os

COMPREENDER O PAI-NOSSO

primeiros dias de Cristo. Ele nasce na cidade do rei Davi e frequentemente é retratado «com Maria, sua mãe» (Mt 2, 11), assim como o rei ancestral de Israel sempre governava não ao lado de suas (várias) mulheres, mas ao lado de sua mãe, a *gebirah*, ou rainha mãe.

O reinado de Deus, portanto, não é meramente o ato por meio do qual Ele governa a Criação. Deus sempre governou o universo, o qual Ele mesmo criou e cuja existência continua a sustentar.

Em vez disso, o Reino de Deus refere-se a uma realidade histórica específica, a saber: o reinado que Deus estabeleceu por meio da aliança com Davi e que Ele renovou por meio de Jesus Cristo. Com a vinda de Jesus, «está próximo o Reino dos céus» (Mt 3, 2). O Reino dos céus desce à terra.

Alguns reconheceram esse fato. Natanael proclamou a divindade e a ascendência real de Jesus assim que o viu pela primeira vez: «Mestre, tu és o Filho de Deus, tu és o rei de Israel» (Jo 1, 49).

A tradição cristã chega mesmo a identificar o Reino com o próprio Jesus[1]. Isso, no entanto, traz uma dificuldade: se o Reino de fato veio com Jesus Cristo, por que o próprio Jesus nos ensinou a rezar pela vinda do Reino? Por que deveríamos rezar dizendo: *venha a nós o vosso Reino* (Mt 6, 10)?

Jesus ensinou seus discípulos a rezar pelo Reino porque, embora o Rei tenha vindo viver entre nós, Ele ainda não se manifestou de maneira completa. Mesmo durante o período em que Jesus estava vivo, a maioria das pessoas foi incapaz de ver sua real natureza. Ele não se encaixava na imagem mundana de rei. É importante lembrar que, num primeiro momento, os israelitas quiseram ter um rei porque sentiam inveja dos gentios, cujos reis eram símbolos de poder (cf. 1 Sm 8, 4-5). Pôncio Pilatos

---

(1) Cf. *Catecismo da Igreja Católica*, n. 2816.

CAPÍTULO 4. VENHA A NÓS O VOSSO REINO

observou que Jesus não se parecia com um rei e fez disso a base do seu interrogatório. Jesus responde: «O meu Reino não é deste mundo» (Jo 18, 36).

O Reino de Deus entrou no mundo. O Reino está aqui, conosco. E, no entanto, ele ainda não se manifestou completamente. O Reino está presente de maneira invisível; está velado pelo sacramento. Nesse sentido, o Reino é como o próprio Jesus, que possuía toda a glória de Deus, embora tenha revelado essa glória pela humildade da carne humana.

A estrada real

Jesus nos prometeu um Reino e cumpriu sua promessa. Ao ressuscitá-Lo da morte, o Pai estabeleceu, por meio do Corpo ressuscitado (isto é, da Eucaristia), o Corpo Místico (isto é, o Reino). Jesus disse: «Está próximo o Reino dos céus» (Mt 3, 2). E de fato é assim, pois o Reino está logo ali, na paróquia mais próxima. Pois, onde o Rei está presente, aí está o Reino; e, onde a Eucaristia está presente, aí está o Rei. «O Reino de Deus vem desde a santa ceia», diz o Catecismo, «e, na Eucaristia, está no meio de nós»[2]. É por isso que rezamos o Pai-Nosso no ponto mais alto da Missa, logo antes de recebermos Jesus pela Sagrada Comunhão. «Na Eucaristia, a oração do Senhor [é] (…) a oração própria dos "últimos tempos", dos tempos da salvação que começaram com a efusão do Espírito Santo e terminarão com o regresso do Senhor»[3].

O Reino está aqui, e o Rei está entre nós. Ele está aqui em toda a sua glória, e reina em mistério na Eucaristia, na Igreja. Santo Agostinho o coloca de maneira bastante direta: «Agora,

---

(2) *Ibidem.*
(3) *Idem*, n. 2771.

COMPREENDER O PAI-NOSSO

a Igreja é o Reino de Cristo e o Reino do céu»[4]. Mesmo agora, na Igreja, Cristo já governa em toda a sua glória, embora não tenhamos a capacidade de contemplar essa glória em todo o seu esplendor. No presente, caminhamos pela fé; no futuro, se Deus assim o permitir, caminharemos pela visão.

Quando rezamos: *Venha a nós o vosso reino*, estamos pedindo por uma manifestação cada vez mais contundente da glória da presença real de Jesus. O Reino veio a nós no passado pela Encarnação; vem a nós no presente pela Eucaristia; e virá a nós no futuro de maneira plena, no dia em que for desvelada a divina glória pela Segunda Vinda de Cristo.

---

(4) «*Nunc ecclesia regnum Christi est regnumque caelorum*». Cf. Santo Agostinho, *A cidade de Deus*, livro 20, capítulo 9.

Capítulo 5

Seja feita a vossa vontade

Rezamos: *seja feita a vossa vontade* (Mt 6, 10), e essas palavras nos saem com facilidade. Mas será que de fato temos escolha? Sim, temos. Deus nos deu o livre-arbítrio. Podemos aceitar a vontade dEle e agir segundo essa vontade, ou podemos resistir a ela. Nossa resistência, no entanto, traz consigo suas próprias agruras, pois a vontade de Deus é inexorável. Ela será feita, não importa o quanto nos coloquemos contra ela. E assim como a resistência física a uma força muito grande pode nos causar ferimentos, também nossa resistência à vontade de Deus Todo--Poderoso pode nos exaurir as forças espirituais, deixando-nos tristes e fracos. Deus deseja que sejamos felizes, ainda que essa felicidade venha a duras penas; por isso, opor-se à vontade dEle é opor-se à nossa própria felicidade.

Nossa liberdade de escolha, portanto, é uma liberdade de tipo relativo. Podemos escolher a quem iremos servir: a Deus ou a nós mesmos. Qualquer que seja nossa escolha, haverá obstáculos a superar, mas somente um caminho leva à felicidade.

COMPREENDER O PAI-NOSSO

Por que rezar?

Ainda assim, é razoável perguntar: por que devemos rezar dizendo «seja feita a vossa vontade»? Não seria essa, afinal, uma frase muito presunçosa, ou mesmo redundante? Se a vontade de Deus será feita de qualquer maneira, por que *rezar* para que essa mesma vontade se concretize? Parece o mesmo que rezar para que a gravidade continue existindo.

A resposta é simples. Quando rezamos «seja feita a vossa vontade», não alteramos nem fortalecemos a vontade de Deus, mas alteramos e fortalecemos a nossa própria vontade. Essa frase faz com que o nosso coração esteja mais disposto a fazer a vontade do Pai[1]. A oração nos condiciona a dizer «vossa vontade», sendo que nossa natureza tende a dizer sempre «minha vontade». No Jardim do Getsêmani, vemos o próprio Jesus lutando contra o instinto humano de autopreservação — o pavor que os homens naturalmente sentem da dor e da morte. «Meu Pai, se é possível, afasta de mim este cálice! Todavia não se faça o que eu quero, mas o que tu queres» (Mt 26, 39).

A vida terrena é boa, mas, se queremos chegar ao céu, é preciso ir além dela. A nossa vontade humana também é boa, mas, se queremos ser divinos — se queremos ser santos —, é preciso ir além. E que ninguém se engane: apenas os santos podem morar no céu; apenas aqueles que dizem: «Seja feita a vossa vontade». Jesus declarou: «Nem todo aquele que me diz: "Senhor, Senhor", entrará no Reino dos céus, mas aquele que faz a vontade de meu Pai que está nos céus» (Mt 7, 21).

O que nos leva ao céu é nossa capacidade de partilhar da vida divina, de modo que possamos nos tornar *participantes da natureza divina* (2 Pe 1, 4). Como pode um mero homem tornar-se

---

(1) Cf. *Catecismo da Igreja Católica*, n. 2611.

CAPÍTULO 5. SEJA FEITA A VOSSA VONTADE

divino? Partilhando da vida de Deus, que se tornou humano. Jesus Cristo — Deus encarnado, o Verbo que se fez carne — estabeleceu uma «nova aliança» que permite a comunhão entre nós e Deus (cf. Lc 22, 20). É importante compreender o que Jesus estava fazendo. Uma aliança não é uma transação de negócios, nem um acordo, nem um contrato, uma vez que não envolve a troca de bens nem de serviços. Uma aliança envolve a troca de *pessoas*. É por isso que o casamento é uma aliança e a adoção de um filho, também. A aliança une as pessoas não em torno de uma parceria de negócios, mas em uma relação familiar. Trata-se, portanto, de uma união de vontades. Não perco a minha vontade na vontade de Deus, da mesma maneira como não perco minha vontade na vontade de minha esposa. Eu *uno* a minha vontade à vontade divina. Ao fazê-lo, começo a viver mais perfeitamente em Jesus, Filho eterno do Pai, que disse: «Não busco a minha vontade, mas a vontade daquele que me enviou» (Jo 5, 30). Começo a viver mais perfeitamente a vida da Trindade.

A aliança é o que nos torna parte da Família de Deus, e todas as alianças exigem uma união de vontades. Jesus declarou: «Todo aquele que faz a vontade de meu Pai que está nos céus, esse é meu irmão, minha irmã e minha mãe» (Mt 12, 50). Como irmãos e irmãs de Cristo, somos, nas palavras da Tradição, «filhos no Filho».

Entre os polos

Assim, estamos rezando não por uma resignação fatalista, e sim para que a nossa vontade seja como a de Deus, inclusive em intensidade — e o que nos move é um destemor filial.

Há muitas formas de compreender esse pedido. Algumas pessoas o encaram como um gesto de resignação fatalista: «De

COMPREENDER O PAI-NOSSO

qualquer maneira, Deus, o Senhor fará o que quiser; só o que me resta é controlar minha frustração e aceitar isso logo de uma vez». Outros encontram nele uma fonte de dúvidas angustiantes e questionamentos infindáveis. Apertam uma mão contra a outra e dizem: «Seja feita a vossa vontade, Senhor... Mas como saber qual é a vossa vontade?» (como se não ousassem pensar por si mesmos na presença de um Poder tão imensamente superior!). Nenhuma dessas duas posturas reflete a de uma criança que se dirige ao pai.

Tanto o fatalismo quanto a religiosidade excessivamente escrupulosa são formas de negar a paternidade de Deus. Nos dois casos, temos pessoas que olham para Deus da mesma maneira como um escravo olha para seu senhor: ou com grande ressentimento, ou com medo servil. Entre esses dois extremos, no entanto, encontramos a postura apropriada: o amor de um filho que confia no pai. Jesus nos ensinou a rezar dizendo «Pai nosso» para que pudéssemos — já aqui, no presente — começar a partilhar da vida da Trindade. E essa é a vida da Trindade: o Pai derrama-se eternamente num gesto de amor pelo Filho; o Filho retribui eternamente o amor do Pai; e o amor que ambos têm um pelo outro é o Espírito Santo. Quando unimos nossa vontade à vontade do Pai, passamos a amar assim como o Pai ama e a nos entregar assim como o Pai se entrega, uma vez que também queremos o mesmo que o Pai.

Não há traço de ansiedade ou de resignação nessa postura. Essa é a paz profunda a que Santo Agostinho se referia ao resumir da seguinte maneira a vida cristã: «Ama e faz o que quiseres»[2]. Para os filhos de Deus, fazer a vontade de Deus é algo tão natural quanto comer. Pense nas palavras de Jesus: «Meu alimento é fazer a vontade daquele que me enviou e cumprir a sua obra» (Jo 4, 34).

---

(2) Santo Agostinho, *Homilia VII sobre a Primeira Epístola de João*, n. 8.

CAPÍTULO 5. SEJA FEITA A VOSSA VONTADE

Vontade de poder

Frequentemente penso ser essa a razão pela qual Jesus nos ensinou a iniciar nossa oração invocando Deus como «Pai», em vez de iniciá-la com uma tradicional invocação de Deus como «Senhor» ou «Rei do Universo». Não se trata de dizer que a vontade de Deus não é soberana, como a de um rei — é claro que ela é! —, mas de dizer que ela é amorosa e misericordiosa, como a de um pai.

Começamos dizendo «Pai nosso», mas seguimos adiante e perseveramos aceitando e fazendo a vontade de Deus, sempre de maneira amorosa. E uma relação divina como essa é, de certo modo, aquilo que estamos pedindo ao dizer: «Seja feita a vossa vontade». Pois, nas palavras de São Paulo, «esta é a vontade de Deus: a vossa santificação» (1 Ts 4, 3).

A vontade de Deus é mais para nós do que um mero seguimento da lei. Os mandamentos expressam a vontade dEle, mas não a esgotam. Aquilo que Deus quer para nós é muito maior: é nada menos que partilhar da vida dEle — a liberdade mais profunda que podemos conhecer.

CAPÍTULO 6

Assim na terra como no céu

Sabemos que não estamos no céu neste momento, mas sabemos também que o céu é a única coisa que importa. Diante dessa realidade, muitos olham para o alto e se perguntam: o quê, exatamente, devemos fazer aqui na terra? Devemos ser como manifestações do Reino de Deus e devemos cumprir a vontade dEle aqui na terra com a mesma perfeição com que os anjos a cumprem no céu.

Vozes celestiais personificadas

Essa ideia não era nenhuma «novidade» no Evangelho. O povo de Israel via sua liturgia como uma imitação divinamente inspirada da adoração celestial. Tanto Moisés quanto Salomão construíram a morada de Deus na terra — o tabernáculo e o Templo — a partir do arquétipo celestial revelado pelo próprio Deus (cf. Ex 25, 8-27; 1 Cr 28, 19; Sb 9, 8). Os profetas expressaram

COMPREENDER O PAI-NOSSO

essa crença de forma mística, descrevendo anjos que adoravam em meio a músicas e ornamentos, em clara referência ao Templo de Jerusalém (cf. Is 6, 1-7; Ez 1, 4-28). Os hinos cantados pelos anjos eram as mesmas canções que os levitas entoavam antes da existência do santuário terreno.

A ideia aparece já plenamente desenvolvida nos tempos de Jesus Cristo e está expressa nos livros apócrifos de Enoque e Jubileus, bem como nos Manuscritos do Mar Morto[1]. O que os sacerdotes praticavam no santuário do Templo era uma imitação terrena do que os anjos faziam no céu.

E isso estava longe de ser mera encenação. Tanto a liturgia celeste quanto a liturgia terrena tinham um propósito além do cerimonial. A liturgia dos anjos preservava certa ordem não apenas nas cortes do Todo-Poderoso, mas também em todo o universo. Deus concedeu aos anjos o poder de governar a Criação, e a partir daí o mundo passou a fazer parte de uma liturgia cósmica: «Santo, santo, santo é o Senhor Deus do universo! A terra inteira proclama a sua glória!» (Is 6, 3; cf. Ap 4, 8). Ao conduzirem a liturgia no Templo, os sacerdotes preservavam e santificavam a ordem do cosmos, exatamente como os anjos faziam no céu.

A cultura de Israel, por sua vez, forma-se a partir de um transbordamento dessa adoração. Foi isso o que fez de Davi um homem segundo o coração de Deus. Davi queria organizar o tempo e o espaço na terra para que todas as funções terrenas do reino tivessem a adoração como nascente e retornassem a Deus como um sacrifício de louvor e ação de graças. Ele colocou a arca da aliança no centro da capital e projetou um templo magnífico para abrigá-la. Valorizou imensamente os sacerdotes e seus assistentes, e chegou até a compor belíssimas liturgias para

---

(1) Cf. Carol Newsom (ed.), *Songs of the Sabbath Sacrifice: A Critical Edition*, Scholar Press, Atlanta, 1985.

CAPÍTULO 6. ASSIM NA TERRA COMO NO CÉU

as cerimônias. O filho e sucessor de Davi, Salomão, deu continuidade aos trabalhos do pai (cf. 2 Cr 1-7).

A grande mudança

Com toda essa bagagem cultural e histórica, os judeus da época de Jesus conseguiam apreciar (mais do que muitos de nós) aquele trecho do Pai-Nosso que diz: *seja feita a vossa vontade, assim na terra como no céu* (Mt 6, 10).

Para o povo ancestral de Deus, céu e terra eram distintos, mas a terra reproduzia os movimentos celestes com mais clareza nos ritos do Templo. Eles reconheciam que adorar a Deus dessa maneira era um dom maravilhoso. Ainda assim, essa adoração era apenas uma sombra da adoração angelical — e apenas uma sombra da adoração terrena que veio a ser inaugurada por Jesus Cristo.

Ao assumir a carne humana, Jesus trouxe o céu à terra. Além disso, completou e aperfeiçoou, com sua própria carne, a adoração ancestral de Israel. O Povo de Deus já não precisa mais adorar imitando os anjos. Na liturgia da Nova Aliança, a nação renovada de Israel — isto é, a Igreja — adora *junto aos anjos*. No Novo Testamento, o Apocalipse nos mostra a liturgia compartilhada do céu e da terra. Ao redor do trono de Deus, homens e anjos se curvam e adoram em conjunto (cf. Ap 5, 14), e um anjo convida o vidente a ficar de pé ao lado dele (cf. Ap 19, 10). Além disso, o novo Israel é uma nação de sacerdotes (cf. Ap 5, 10; 20, 6), de modo que todos são admitidos no mais santo dos altares do Templo. Não é à toa que os autores orientais se referem ao Livro do Apocalipse como «ícone da liturgia»[2].

---

(2) Cf. a tese de mestrado de G. A. Gray, *The Apocalypse of Saint John the Theologian: Verbal Icon of Liturgy*, Mount Angel Seminary, 1989.

COMPREENDER O PAI-NOSSO

Cristo quebrou todas as barreiras — entre homem e anjo, judeu e gentio, sacerdote e povo. Na adoração da Nova Aliança, é o próprio Cristo quem preside, e não estamos apenas imitando os anjos: estamos participando da adoração junto com eles. Hoje, sabemos que essa adoração é a Missa. Ela é presidida pelo próprio Cristo, o Sumo Sacerdote. A liturgia é a manifestação temporal da perfeita oferenda que Ele fez na eternidade. São João Crisóstomo falou sobre esse mistério usando os termos mais reluzentes, todos extraídos do Livro do Apocalipse:

O que são as coisas celestiais às quais ele se refere aqui [em Hb 10]? São as coisas espirituais. Pois, se são realizadas na terra, não obstante são dignas dos céus. Quando nosso Senhor Jesus Cristo é morto em sacrifício, quando o Espírito está conosco, quando Aquele que está sentado à direita do Pai também está aqui, quando filhos se tornam filhos por meio do batismo, quando eles se fazem compatriotas daqueles que estão no céu, quando temos ali [no céu] um país, uma cidade e uma cidadania, quando somos estranhos às coisas daqui — não seriam todas essas coisas inevitavelmente «celestiais»? Ora, não é verdade que nossos hinos são celestiais? Não é verdade que nós, que estamos aqui, louvamos e cantamos com os divinos coros de poderes incorpóreos, que estão no alto? Não é verdade que o altar é também celestial?[3]

Fazendo história

No entanto, mais uma vez é preciso que sejamos muito claros. Essa não é apenas uma cerimônia da corte real. Trata-se da

---

(3) São João Crisóstomo, «Homily XIV on the Epistle to the Hebrews», em Philip Schaff (ed.), *Nicene and Post-Nicene Fathers*, 1º sermão, vol. 14, Hendrickson Publishers, Peabody, 1994, p. 434.

CAPÍTULO 6. ASSIM NA TERRA COMO NO CÉU

liturgia cósmica, aperfeiçoada para os filhos de Deus que reinam em Cristo. Desde a vinda de Cristo, a liturgia celestial e terrena é o instrumento por excelência da vontade de Deus. Ela é a manifestação mais completa do Reino dEle. Não há outro lugar em que nossas preces sejam atendidas de maneira tão plena: «venha a nós o vosso Reino, seja feita a vossa vontade, assim na terra como no céu». No Apocalipse vemos que, quando os anjos e santos apresentam suas preces ao Deus Todo-Poderoso, a terra treme, trovões ressoam e poderes angelicais derramam guerra, depressão econômica, fome e morte sobre a terra.

W. H. Auden certa vez escreveu que «a poesia não faz nada acontecer»[4]. Se isso for verdade, então a liturgia está longe de ser uma forma de poesia. Pois João, vidente e autor do Apocalipse, nos mostra que as preces da Igreja — dos vivos, dos mortos e dos anjos — orientam não apenas o curso da história, mas também os fenômenos da natureza.

Tudo isso acontece quando vamos à Missa. Lá, o poder de Deus atua por meio dos anjos e dos santos — numa palavra, por meios dos filhos adotivos dEle. E isso inclui eu e você.

---

(4) W. H. Auden, "In Memory of W. B. Yeats", em *The Collected Poetry of W. H. Auden*, Random House, Nova York, 1945, p. 50.

CAPÍTULO 7

O pão nosso de cada dia nos dai hoje

O quarto pedido que fazemos na Oração do Senhor tem um quê de infantil. Nos três primeiros pedidos, rogamos a Deus invocando o nome dEle, a vontade dEle e o Reino dEle.

Agora, como crianças, pedimos que Ele nos dê o pão «nosso». É interessante notar que pedimos comida como se ela já nos pertencesse; como se Ele tivesse a obrigação de nos conceder esse pedido; como se Ele fosse nosso Pai.

O pão da grandeza

Eis a grande ousadia dos filhos de Deus. Pedimos porque sabemos que vamos receber. Pois qual pai «dará uma pedra a seu filho se este lhe pedir pão» (Mt 7, 9)?

Pedimos o *nosso* pão porque nos dirigimos ao *nosso* Pai, e os pais geram famílias, não indivíduos.

COMPREENDER O PAI-NOSSO

Também é interessante o fato de que pedimos o «nosso» pão, e não o «meu» pão. Jesus nos ensina que, mesmo quando rezamos de modo privado (cf. Mt 6, 6), não estamos rezando sozinhos. Rezamos em solidariedade a todos os filhos de Deus, a Igreja dos vivos e dos santos no céu. E rezamos *por* toda a Igreja, para que todos tenham o pão de que precisam hoje. Essa oração é uma coisa íntima, mas também partilhada. Ela diz respeito à família.

Na antiguidade, o fornecimento diário de pão era sinal da prosperidade do reino. Quando a nação ia bem — isto é, quando vencia guerras e tinha sucesso comercial —, os cidadãos recebiam uma porção generosa de pão, «sem dinheiro, (...) sem pagar» (Is 55, 1). Ainda mais grandiosa era a visão do banquete ininterrupto que viria com o reino do Filho ungido de Davi, o Messias (cf. Is 65, 13-14).

Os primeiros cristãos reconheciam que o Filho de Davi tinha dado início a seu reinado — e a seu banquete. Além disso, esse banquete tinha benefícios espirituais que superavam até os mais suntuosos festins terrenos. Para os primeiros comentadores cristãos, o «pão nosso» não se refere apenas às necessidades materiais, mas também à necessidade de estarmos em comunhão com Deus. O «pão nosso», em suma, é a Eucaristia. «Perseveravam eles na doutrina dos apóstolos, na reunião em comum, na fração do pão e nas orações. (...) Unidos de coração, frequentavam todos os dias o templo. Partiam o pão nas casas e tomavam a comida com alegria e singeleza de coração» (At 2, 42.46).

Nas gerações que vieram depois da morte dos apóstolos, observamos que a prática comum dos cristãos era receber a Eucaristia todos os dias. Tertuliano registra essa praxe no norte da África, e Santo Hipólito faz o mesmo em Roma[1]. Em 252, São

---

(1) Tertuliano, *Ad uxorem*, livro 2, capítulo 5; Gregory Dix (ed.), *The Apostolic Tradition of Saint Hippolytus*, SPCK, Londres, 1937, p. 58.

CAPÍTULO 7. O PÃO NOSSO DE CADA DIA NOS DAI HOJE

Cipriano de Cartago fala longamente sobre o significado espiritual desse pedido:

> *E assim como dizemos: «Pai nosso» — porque Ele é o Pai daqueles que compreendem e acreditam —, também dizemos «pão nosso», porque Cristo é o Pão daqueles que estão em união com o Corpo dEle. E pedimos que esse pão nos seja dado diariamente, para que nenhum pecado grave nos impeça — a nós, que estamos em Cristo e recebemos diariamente a Eucaristia como alimento salvífico — de participar da Comunhão e da partilha do Pão celestial, e nem nos separe do Corpo de Cristo.*[2]

Isso diz tudo

Esse pedido expressa de maneira significativamente sucinta todas as necessidades que temos na vida — as pessoais e as profissionais, as materiais e as espirituais. Santo Agostinho diz que o pão que pedimos comporta três camadas de sentido: 1) todas aquelas coisas que se referem às necessidades desta vida; 2) o Sacramento do Corpo de Cristo, que podemos receber diariamente; e 3) o nosso Alimento espiritual, o Pão da vida, que é Jesus[3].

Nossos corpos anseiam por comida; nossas almas anseiam por Deus. Deus satisfaz ambos os anseios, pois Ele é nosso Pai. E Ele pode satisfazer a ambos porque é onipotente — *Pai nosso que estais no céu.* Nós rezamos para um Deus que nos ama tanto que tem contado cada fio de cabelo nas nossas cabeças (cf. Lc 12, 7). Esse é o Deus que é «capaz de nos servir uma mesa no deserto» (Sl 77, 19), o Deus que tirou água de uma pedra.

---

(2) Cf. p. 106.
(3) Cf. p. 145.

COMPREENDER O PAI-NOSSO

Um filho confia em que o pai será capaz de satisfazer as necessidades dele à medida que elas forem surgindo. Uma criança pequena ainda não tem muita noção do que é o futuro, e por isso praticamente não se preocupa com o amanhã. A Oração do Senhor nos ensina a querer viver como uma criança — com humildade e confiança, na dependência de Deus. Não pedimos riquezas; pedimos apenas aquilo de que precisamos para viver durante o dia. Acreditamos que Deus proverá. Essa é uma lição preciosa para nós, que somos adultos. Temos orgulho da autoconfiança e tendemos a querer controlar nossas vidas e a vida das outras pessoas. Santo Agostinho, no entanto, diz: «Não importa o quão rico seja o homem; ele sempre será um pedinte diante de Deus»[4].

Rezando dessa maneira, cultivamos «uma pobreza de santo», diz São Cirilo de Alexandria. «Pois pedir não é função dos que têm, mas dos que necessitam (...) e que sem isso não podem passar»[5].

Mistérios não resolvidos

Uma palavra desse pedido tem desafiado a compreensão de acadêmicos e santos desde os primeiros tempos da Igreja. Trata-se de *epiousios*, geralmente traduzida como «diário», «de cada dia». Algumas traduções trazem «pão de cada dia»; outras, «pão de amanhã»; e há também traduções que registram «pão supersubstancial». A verdade é que é impossível traduzir esse termo, uma vez que ele não aparece em nenhum outro ponto da

---

(4) Santo Agostinho, «Sermon VI on New Testament Lessons», em Philip Schaff (ed.), *Nicene and Post-Nicene Fathers*, 1º sermão, vol. 6, Hendrickson Publishers, Peabody, 1994, p. 276.

(5) São Cirilo de Alexandria, «Homily 75», em *Commentary on the Gospel of St. Luke*, Studion Publishers, 1983.

CAPÍTULO 7. O PÃO NOSSO DE CADA DIA NOS DAI HOJE

literatura grega, nem em cartas, documentos ou registros de negócios da época de Cristo. Os grandes Padres da Igreja investigaram o mistério — Cirilo de Alexandria e Jerônimo estão entre os gigantes que nos deixaram estudos a esse respeito — e admitiram que várias leituras podiam estar corretas. Não chegaram, porém, a nenhuma conclusão em relação ao significado pontual da palavra *epiousios*.

A tradição, no entanto, nos dá uma solução: é tudo verdade. Rezamos pelo pão nosso de cada dia, pelas nossas necessidades materiais imediatas. Rezamos pela nossa comunhão espiritual diária com Jesus. Rezamos para que Deus nos dê a graça em abundância. E rezamos também hoje pelo nosso «pão de amanhã» — nosso quinhão, no presente, do banquete celestial de Jesus Cristo, sempre que vamos à Missa.

CAPÍTULO 8

Perdoai-nos... assim como nós perdoamos

O Pai-Nosso é uma oração de profundidade ilimitada; tentar absorvê-la de uma só vez pode ser uma tarefa árdua demais. Por isso, é bom que dediquemos nosso tempo, como temos feito neste livro, a meditar sobre cada uma das petições que a oração manifesta.

No entanto, devemos evitar a tentação de olhar cada pedido como se fosse tematicamente separado dos outros. Há uma unidade na Oração do Senhor, e os pedidos dessa oração seguem certa progressão lógica. Vemos isso de maneira vívida à medida que nos deslocamos de «o pão nosso de cada dia nos dai hoje» (Mt 6, 11) para «perdoai-nos as nossas ofensas» (cf. Mt 6, 12).

Não foi por acaso que Jesus colocou ambos os pedidos numa mesma sentença. Há uma conexão lógica entre «o pão nosso de cada dia» e o nosso perdão. Pois, entre os principais efeitos do «pão de cada dia» — que nos foi dado por Cristo

COMPREENDER O PAI-NOSSO

na Santa Comunhão —, está a completa remissão dos nossos pecados veniais.

A Missa é um sacrifício, e o «pão de cada dia» é uma oferenda diária pelo pecado, assim como as oferendas prefiguradas no Templo da antiga nação de Israel. São Justino Mártir o expressa com bastante clareza por volta do ano 150, numa linguagem que ecoa a Oração do Senhor. A oferenda de farinha fina, escreve ele,

> que os que se purificavam da lepra deviam oferecer, era figura do pão da Eucaristia que Nosso Senhor Jesus Cristo mandou oferecer em memória da paixão que Ele padeceu por todos os homens que purificam suas almas de toda maldade, para que juntos demos graças a Deus (...) por nos ter livrado da maldade na qual nascemos.[1]

Assim na terra como no céu

Nossos corpos anseiam por comida; nossas almas anseiam por Deus; e esse Pão é comida tanto quanto é Deus. Por conseguinte, satisfaz tanto as necessidades do corpo como as da alma dos filhos de Deus. Como isso acontece? O Catecismo nos dá uma luz: «Tal como o alimento corporal serve para restaurar as forças perdidas, também a Eucaristia fortifica a caridade, que, na vida cotidiana, tende a enfraquecer-se; e esta caridade vivificada *apaga os pecados veniais*»[2].

Isso é mais do que uma absolvição de nossas dívidas. Essa «caridade viva» é o dom da vida de Deus. Na Santa Comunhão,

---

(1) São Justino Mártir, *Diálogo com Trifão*, n. 41, em Justino de Roma, *Patrística – I e II Apologias e Diálogo com Trifão*. Editora Paulus, São Paulo, 1995.

(2) *Catecismo da Igreja Católica*, n. 1394 (grifo do original).

CAPÍTULO 8. PERDOAI-NOS... ASSIM COMO NÓS PERDOAMOS

tornamo-nos santos porque somos «participantes da natureza divina» (2 Pe 1, 4). Afinal, santidade não é apenas obediência. Apenas Deus é santo, e qualquer santidade que possamos ter virá por meio da vida da qual partilhamos em comunhão com a Trindade. O próprio Jesus cita o Salmo: «Vós sois deuses» (Jo 10, 34; cf. Sl 81, 6)! Jamais poderíamos alcançar essa vida divina por nossos próprios esforços; só é possível recebê-la de Deus. «Sede santos, porque eu sou santo» (1 Pe 1, 16; cf. Lv 11, 44-45). O pecado é incompatível com essa vida, essa santidade, essa caridade viva. Só podemos viver a vida da Trindade — como «filhos no Filho» — se não tivermos pecados, assim como Ele não os teve. São João Crisóstomo diz: «Poder chamar a Deus de "Pai" é profissão de uma vida irrepreensível»[3]. Assim, quando a graça encontra o pecado em nossas almas, algo tem que mudar. A graça do «pão nosso de cada dia» remove os nossos pecados a partir do alto.

Nosso Senhor também deseja que possamos remover os pecados a partir daqui de baixo. Por isso, instrui-nos a respeito de uma condição para o perdão de Deus: «Perdoai-nos (...) assim como nós perdoamos a quem nos tem ofendido» (cf. Mt 6, 12). Não se deve rezar esse trecho de forma muito rápida, pois é fácil negligenciar a completa impossibilidade dessa condição. Afinal, como lemos no Evangelho, «quem pode perdoar pecados senão Deus?» (Mc 2, 7). O perdão é uma ação puramente divina.

Aqui, Jesus nos pede que vivamos a vida divina que recebemos. «A exemplo da santidade daquele que vos chamou, sede também vós santos em todas as vossas ações» (1 Pe 1, 15). Ter a condição divina é o mesmo que perdoar. Não perdoamos apenas por acreditarmos que os nossos ofensores são sinceros em seus pedidos de perdão, pois às vezes eles não são; às vezes eles

---

(3) Cf. p. 130.

COMPREENDER O PAI-NOSSO

nem se dão ao trabalho de nos pedir perdão, e frequentemente pecam contra nós de novo. Mas Deus nos perdoa quando pedimos perdão de maneira pouco sincera e quando reincidimos nas ofensas.

Perdoamos, portanto, como Deus perdoa, em imitação não apenas da quantidade, mas também da qualidade do perdão que vem dEle. Assim como Deus, perdoamos não só esquecendo as faltas dos nossos ofensores, mas também amando-os. É o calor do amor de Deus que faz derreter o gelo do nosso pecado; da mesma forma, é o calor do nosso amor que traz o perdão àqueles que nos ofendem. Não redimimos os débitos deles; amamos nossos inimigos para que eles alcancem a completude, assim como Deus nos amou para que alcançássemos a completude. Derretemos os corações frios e o gelo do pecado. Esse perdão é uma ação puramente divina, mesmo quando feita por humanos. Trata-se de um perdão que só é possível aos humanos que foram divinizados.

Perdoamos assim como fomos perdoados. Perdoamos assim como Deus nos perdoa. Só depois disso é que devemos pedir a Deus que nos perdoe.

Eis como removemos o pecado aqui embaixo: estendendo a vida divina que recebemos do alto.

Pecar é humano

Esse pedido da Oração do Senhor nos ajuda a adotar a postura correta com relação a nós mesmos e a nossa humanidade decaída, nossa necessidade de perdão e nosso potencial para a divinização.

O pecado é algo que nos aflige a todos. Todos pecamos; todos somos vítimas dos pecados alheios. Adão, o pecador original, também foi vítima de um pecado anterior, aquele da serpente.

CAPÍTULO 8. PERDOAI-NOS... ASSIM COMO NÓS PERDOAMOS

As Escrituras nos dizem que até o homem justo cai sete vezes por dia (cf. Pr 24, 16).

Ao nos colocar um pedido de perdão nos lábios, a Oração do Senhor nos chama à humildade e nos força a confrontar uma verdade que preferimos evitar. Pois para nós pode ser tão difícil notar nossos próprios pecados quanto é fácil notar os dos outros. Nossas faltas são triviais (ao menos é o que achamos), ao passo que as faltas dos outros são gritantes. A esse respeito, pergunta Jesus: «Por que olhas a palha que está no olho do teu irmão e não vês a trave que está no teu?» (Mt 7, 3).

Não podemos rezar o Pai-Nosso de maneira sincera sem assumir que temos traves nos olhos... e sem prometer que vamos deixar de prestar atenção à palha nos olhos dos nossos irmãos. Se vamos inventar desculpas para as nossas próprias faltas, devemos fazê-lo em igual medida para as faltas alheias.

Errar é humano — isso, sem dúvida, é verdade —, mas perdoar é divino. Quando perdoamos, agimos como Deus age. Perdoamos aos outros assim como fomos perdoados primeiro.

CAPÍTULO 9

Não nos deixeis cair em tentação...

A Oração do Senhor é como uma maratona cujos últimos quilômetros nos levam a uma subida bastante íngreme. Ou, então, como um pico himalaio cujo cume se encontra logo acima de uma grande rocha vertical.

Chegamos ao fim do Pai-Nosso e encontramos o pedido que veio a ser uma pedra no caminho de tantas mentes brilhantes na história do cristianismo. O erro interpretativo do psicanalista C. G. Jung com relação a essa petição foi um fator decisivo no rompimento dele com a ortodoxia cristã. Jung cita as palavras de Jesus como evidência de que Deus não é meramente «amor e bondade», mas também «agente de tentação e destruição»[1].

Por que, afinal, Deus nos deixaria cair em tentação? Quando as Escrituras falam sobre a tentação, o agente original é sempre o diabo (cf. Mt 4, 3; 1 Ts 3, 5). A tentação é a marca registrada

_____

(1) Capítulo 9, nota 1.

67

COMPREENDER O PAI-NOSSO

da ação de Satanás em nossas vidas. Por que, então, estamos rezando para que Deus — «Pai nosso... no céu» — não nos deixe cair em tentação?

Deus não é a origem das tentações

Devemos ler as palavras de Jesus com todo o cuidado do mundo, pois Ele as escolheu com exatidão e onisciência. A Oração do Senhor não foi o único momento em que Jesus instruiu seus seguidores a rezar contra a tentação. Por duas vezes no Getsêmani Ele roga aos apóstolos: «Orai para que não caiais em tentação. (...) Levantai-vos, orai, para não cairdes em tentação» (Lc 22, 40.46). Podemos concluir, portanto, que devemos evitar as tentações a todo custo. Porém, Jesus também disse que as tentações são inevitáveis: «Ai do mundo por causa dos escândalos! Eles são inevitáveis, mas ai do homem que os causa!» (Mt 18, 7). Fica claro, nesse último contexto, que Deus não é a origem das tentações. Deus não nos tenta. «Ninguém, quando for tentado, diga: É Deus quem me tenta. Deus é inacessível ao mal e não tenta a ninguém» (Tg 1, 13). Mas as tentações existem, e podem vir por meio de nossos irmãos, como Jesus deixa implícito acima; do Diabo, como vemos no encontro entre Satanás e Jesus no deserto (cf. Mt 4, 1-11); e das circunstâncias adversas da vida, como males físicos, insucessos e humilhações.

Deus não deseja nossa dor, nem deseja os pecados alheios que nos machucam. O sofrimento e a morte passaram a existir no mundo como resultado do pecado de Adão e Eva. No entanto, a vontade de Deus realiza-se a despeito dessas coisas; e Ele direciona cada ocasião em que somos tentados para que ali haja também uma possibilidade de graça. Tudo depende da maneira como reagimos.

CAPÍTULO 9. NÃO NOS DEIXEIS CAIR EM TENTAÇÃO...

A garantia da liberdade

Esse é um tema cheio de sutilezas, mas também sumamente importante, e é fácil perceber por que tem potencial para escandalizar mesmo uma mente brilhante como a de Jung. Afinal, estamos falando de uma articulação entre a vontade onipotente de Deus e a nossa liberdade humana.

Deus não forçou Adão e Eva a obedecê-Lo nem a amá-Lo. Antes, permitiu que os dois escolhessem. Ele os colocou num jardim cheio de delícias e os convidou a desfrutar de todas as árvores, com exceção de uma. Disse Deus: «Não comas do fruto da árvore da ciência do bem e do mal, porque no dia em que dele comeres, morrerás indubitavelmente» (Gn 2, 17).

A tentação veio ao casal primevo na forma de uma serpente — um animal mortal e dono de uma inteligência angélica. Ela fez ameaças veladas aos dois e, com palavras ardilosas, foi abalando a confiança que tinham em Deus. Temendo por suas vidas (e orgulhosos demais para pedir ajuda), Adão e Eva cederam à tentação. Pecaram e, com isso, sucumbiram à provação a que Deus permitira que fossem submetidos (pelo bem deles mesmos). Se tivessem temido a Deus mais do que a serpente, os dois teriam escolhido o martírio e, então, adentrado uma vida ainda mais elevada que a do Paraíso. Se tivessem ofertado a própria vida em sacrifício, teriam começado a viver a vida da glória. Com efeito, Deus é amor, e o amor demanda a abnegação mais plena. Na eternidade, a abnegação é o viver no íntimo da Trindade. No tempo, a imagem da vida divina é *o amor sacrificial que renuncia à própria vida*. Devemos morrer para nós mesmos pelo bem dos outros. Foi isso o que Adão e Eva não conseguiram fazer[2].

---

(2) Cf. Scott Hahn, *A Father Who Keeps His Promises: God's Covenant Love in Scripture*, Charis Books, Ann Arbor, 1998, capítulo 3; Scott Hahn, *O amor vem primeiro*, Quadrante, São Paulo, 2021, capítulo 6.

COMPREENDER O PAI-NOSSO

Por que Deus permitiria tal coisa? A esse respeito, o Catecismo cita o sábio Orígenes: «Deus não quer impor o bem, quer seres livres»[3]. Deus fez o homem e a mulher para a liberdade. Essa liberdade de escolha abre espaço para a tentação, mas também para o amor, pois o amor não pode ser coagido: requer um movimento livre da vontade. Com a liberdade veio o potencial para o mais elevado amor, mas também para os mais graves perigos.

Qual é a utilidade da tentação?

Orígenes diz que «para alguma coisa serve a tentação»[4]. O fiel que resiste a ela sai fortificado. De fato, esse é o motivo pelo qual Deus permite que enfrentemos provações. Por meio da tentação, somos levados a escolher se ficamos a favor de Deus ou contra Ele. Quando escolhemos a primeira opção, crescemos na fé, na esperança e no amor.

Ao contrário do que diz a crença popular, portanto, a tentação não é um sinal do desfavor de Deus, nem uma forma de punição. De fato, ao longo de toda a história, os «favoritos» de Deus tiveram de passar pelas mais severas provações. Pensemos em Abraão, por exemplo, a quem se pediu o sacrifício de um filho único. Pensamos em José, que foi surrado e vendido como escravo pelos próprios irmãos. Pensemos em Jó, cuja família e posses pereceram diante da sanha destruidora do diabo. Acima de tudo, pensemos em Jesus, que não foi poupado das mais severas tentações. «*Em seguida, Jesus* foi conduzido pelo Espírito *ao deserto para ser tentado pelo demônio*» (Mt 4, 1). Ao contar a mesma história, Marcos diz que logo o «*Espírito o impeliu* [isto é, a Jesus] *para o deserto*» (Mc 1, 12). O verbo grego que

---

(3) *Catecismo da Igreja Católica*, n. 2847.
(4) *Ibidem.*

CAPÍTULO 9. NÃO NOS DEIXEIS CAIR EM TENTAÇÃO...

se traduz aqui como «impeliu» significa, literalmente, «atirar».

Se até Jesus foi «atirado» em meio às mais severas tentações, não devemos reclamar dizendo que Deus não nos ama porque nos «deixou cair» em tentação, pois, assim como aqueles que foram amados por Deus, também brilhamos mais forte quando vencemos as tentações com a ajuda dEle.

«Porque Deus, que os provou, achou-os dignos de si. Ele os provou como ouro na fornalha e os acolheu como holocausto. No dia de sua visita, eles se reanimarão e correrão como centelhas na palha» (Sb 3, 5-7).

A tentação, portanto, é útil no contexto da Providência divina, por causa da graça de Deus.

Tentado a ser tentado?

As provações são úteis, mas nem por isso devemos buscá-las. De fato, devemos evitá-las tanto quanto possível. Jesus não nos ensinou a rezar dizendo: «Deixai-nos cair em tentação». Essa seria uma afirmação presunçosa de quem acredita demais na própria capacidade de resistência.

Adão aprendeu — do jeito mais difícil — que, sozinhos, não temos a força necessária para vencer as tentações. Os que acham que podem resistir em geral são os mesmos que caem — como Adão.

Pois quem de nós pode se dizer mais preparado do que os apóstolos de Jesus? Eles tiveram uma instrução privilegiada, aos pés do Mestre em pessoa. Receberam a Eucaristia das mãos do próprio Jesus. Além disso, naquela mesma noite, horas antes de receberem a Primeira Comunhão, nosso Senhor os alertou com palavras inequívocas — e por duas vezes — de que estavam prestes a enfrentar a mais temível de todas as tentações. No entanto, assim como Adão, eles caíram. Tiveram medo. Saíram de

COMPREENDER O PAI-NOSSO

perto do Mestre. Será que, quando estiver sob ataque, a nossa fé sairá ilesa?

Esse é o motivo pelo qual Jesus rogava aos apóstolos: «Orai para que não caiais em tentação» (Lc 22, 40, 46). As tentações podem ser inevitáveis, mas um cristão realista sabe que não está pronto para enfrentá-las.

É isso o que deve nos ensinar a lógica interna do Pai-Nosso. Na medida em que não avançamos rumo ao Reino de Deus, na medida em que não fazemos a vontade dEle, na medida em que não recebemos o pão de cada dia com merecimento e gratidão, na medida em que não buscamos o perdão, na medida em que não perdoamos — nessa mesma medida estaremos vulneráveis à tentação.

A provação é algo necessário, mas, se entrarmos nela com pecados não perdoados ou com um espírito pouco inclinado a conceder o perdão, estaremos despreparados. Iremos perder. O que faz com que uma dificuldade se torne uma tentação? Nossa incapacidade de suportá-la, uma vez que falhamos em viver os outros pedidos da Oração do Senhor[5].

---

(5) Cf. pp. 148-149.

Capítulo 10

Tentação, parte 2

Embora frequentemente rezemos: «Não nos deixeis cair em tentação», sabemos que as tentações são inevitáveis. Além disso, sabemos que Deus permite essas provações para o nosso próprio bem. No último capítulo, vimos como as tentações servem para nos aperfeiçoar, «como ouro na fornalha» (Sb 3, 6). Agora, vejamos como isso funciona.

É justo que perguntemos por que Deus nos faz enfrentar tentações tão severas. Ele não precisa testar nossa fé para saber o quão forte ela é. Ele sabe de tudo e sabe, portanto, o quão fracos somos. Assim, as tentações não Lhe servem como forma de descobrir coisa alguma, já que Ele não aprende nada de novo ao nos colocar à prova.

Nós, por outro lado, temos muito a aprender sobre nós mesmos — sobretudo no que diz respeito aos nossos pecados mais recorrentes —, pois tendemos a fazer vista grossa para as nossas próprias falhas, fraquezas e hábitos pecaminosos. O orgulho e a vaidade fazem que só sejamos capazes de enxergar

COMPREENDER O PAI-NOSSO

nossas virtudes e nossas conquistas terrenas, por mais insignificantes que sejam.

No entanto, com frequência as provações são momentos de profundo aprendizado, nos quais enxergamos nossas fraquezas e necessidades. De fato, geralmente descobrimos nossas necessidades mais profundas por meio das fraquezas, e só sentimos a necessidade de consultar um médico quando enfrentamos uma dor muito aguda. Da mesma forma, enquanto não sentirmos fome de verdade, provavelmente não sairemos por aí pedindo comida. Em tempos de provação percebemos o quão imperfeitos somos; nessas circunstâncias, ficamos mais inclinados a recorrer à ajuda de nosso Deus-Pai.

Na Primeira Carta aos Coríntios, São Paulo nos diz, em quatro etapas, como a tentação atua em favor do cristão:

1. *Portanto, quem pensa estar de pé veja que não caia* (1 Cor 10, 12). Paulo começa apontando a nossa fraqueza e a necessidade de sermos humildes. Relembremos São Pedro em tom de bravata: «Senhor, estou pronto a ir contigo tanto para a prisão como para a morte» (Lc 22, 33). Ele pensou que era forte; no entanto, poucas horas depois de ter dito isso, negou o próprio Mestre da maneira mais covarde — e por três vezes! Ele achou que ficaria de pé, mas caiu fragorosamente. Teria sido melhor se tivesse simplesmente rezado para que Deus o livrasse da tentação.

2. *Não vos sobreveio tentação alguma que ultrapassasse as forças humanas* (1 Cor 10, 13). Paulo diz isso não para minimizar a nossa dor, mas para nos dar conforto. Devemos ter coragem, pois outros passaram por tentações iguais às nossas (ou piores) e perseveraram. A história da relação entre Deus e os santos é repleta de exemplos práticos que podemos seguir no que diz respeito à oração, à paciência e aos atos de bravura.

3. *Deus é fiel: não permitirá que sejais tentados além das vossas forças, mas com a tentação ele vos dará os meios de suportá-la e sairdes dela* (1 Cor 10, 13). Essa promessa nos deve dar muita es-

CAPÍTULO 10. TENTAÇÃO, PARTE 2

perança, pois ninguém consegue resistir às tentações «comuns» da vida, pelo menos não sem a ajuda de Deus. A boa notícia é que Deus nunca nos abandonará, e Ele é maior do que qualquer poder que possa nos afligir. Mesmo que Satanás em pessoa venha a nos atacar, seremos capazes de resistir se nos mantivermos firmes na fé. São Cipriano disse: «O Inimigo nada pode fazer contra nós, a menos que Deus o tenha previamente permitido»[1]. Deus conhece os limites das nossas forças e está sempre disposto a compartilhar Sua onipotência conosco, para que possamos passar pelas provações mais severas sem pecar.

4. *Portanto, caríssimos meus, fugi da idolatria. O cálice de bênção, que benzemos, não é a comunhão do sangue de Cristo? E o pão, que partimos, não é a comunhão do corpo de Cristo?* (1 Cor 14--16). Eis a nossa «saída de emergência», e ela nada mais é do que «o pão nosso de cada dia». Paulo demonstra que a Eucaristia é o nosso socorro e a nossa esperança, uma vez que se trata da nossa comunhão com a Carne e o Sangue do Deus-homem. Por meio do sacramento, ganhamos força divina. E o que são os ídolos aos quais ele se refere? São aquelas coisas que parecem ter o poder de nos fazer resistir às tentações, embora não tenham. São as coisas deste mundo — às vezes muito boas — que colocamos acima de Deus em nossas vidas. Os ídolos fazem com que as tentações sejam algo necessário para nós, pois elas servem para nos afastar da dependência de tudo aquilo que não é Deus. Nada, além de Deus, pode nos salvar. Portanto, qual é o contrário da idolatria? É a dependência da Eucaristia, a santa necessidade que temos do que vem de Deus. As tentações que enfrentamos têm a função de nos chamar à humildade e nos tornar dependentes de Deus no mais alto grau.

É por isso que «não nos deixeis cair em tentação» é a súplica de um cristão que tem uma noção saudável do que é a rea-

---

(1) Cf. p. 111.

75

COMPREENDER O PAI-NOSSO

lidade. É uma boa súplica para os fracos — como eu e você — que conhecem a própria força e conhecem a força de Deus[2].

(2) Cf. p. 152.

CAPÍTULO 11

Livrai-nos do mal

A versão desse trecho em inglês («*Deliver us from evil*») é um tanto inexata. Isso porque o grego original traz um artigo definido antes da palavra *mal* (à diferença do inglês, que não traz artigo nenhum). Jesus de fato nos instrui a pedir que Deus nos livre «*do* mal» ou, mais exatamente, «daquele que é mau».

Isso faz uma enorme diferença. Pois há apenas um mal, e esse mal é o pecado. Minha intenção ao dizer isso não é desmerecer os outros sofrimentos — a solidão, a rejeição, a tristeza, a doença, a debilidade física ou as doenças mentais, por exemplo. Essas podem ser provações terríveis, mas não podem nos abalar se nos mantivermos firmes na força de Deus. Mesmo que uma doença ou uma violência brutal nos tome a vida, não morreremos — jamais morreremos —, contanto que não percamos a fé.

O único perigo real, a única realidade que merece o nome de morte, é o mal. A única coisa da qual realmente precisamos ser livrados não é a provação, nem a tentação, nem o sofrimento, nem a sepultura. Nosso único inimigo é o pecado.

Um ciclo inútil

Todo pecado humano tem um vínculo ancestral com o pecado de Satanás, príncipe dos anjos caídos. Antes de encontrar Adão e Eva no jardim, ele já tinha manifestado sua vaidade ao se recusar a servir a Deus, fazendo com que terça parte dos anjos do céu se rebelasse contra seu Criador. Desde então, ele age com a fúria de quem se entrega a uma luta vá contra Deus e contra toda a sua obra. Foi ele quem tentou nossos primeiros pais, ajudando a trazer a maldição da morte para o mundo. Até hoje ele segue espalhando mentiras e massacres contra os filhos de Deus. «Vosso adversário, o demônio, anda ao redor de vós como o leão que ruge, buscando a quem devorar» (1 Pe 5, 8).

O diabo vive para se opor à vontade de Deus. É ele quem nos tenta a cada esquina da vida e procura nos convencer a participar da rebelião. Deus não deseja que os homens pequem. Não precisamos ir muito longe para ver que o diabo muitas vezes é bem-sucedido em suas tentações. Talvez também seja bem-sucedido em seu objetivo final de devorar algumas almas humanas.

O trabalho dele, no entanto, é eternamente inútil. Pois Deus é onipotente e tem uma vontade inexorável. O plano de Deus será cumprido. Santo Agostinho afirma que «Deus todo-poderoso, (...) sendo soberanamente bom, nunca permitiria que qualquer mal existisse nas suas obras se não fosse suficientemente poderoso e bom para, do próprio mal, fazer

CAPÍTULO 11. LIVRAI-NOS DO MAL

surgir o bem»[1]. O pior mal de toda a história — a tortura e o assassinato do Filho Unigênito de Deus — trouxe «o maior dos bens: a glorificação de Cristo e a nossa redenção»[2]. Nas palavras de São Paulo, «onde abundou o pecado, superabundou a graça» (Rm 5, 20).

A ação do diabo é, portanto, pior do que inútil: é autodestrutiva. Pois quando lutamos contra as tentações dele, tornamo-nos mais fortes na virtude e ganhamos vida divina por meio da graça. E, mesmo quando sucumbimos às promessas falsas que nos faz, se depois retornamos a Deus com o coração contrito, também nos tornamos mais fortes. Se permanecermos unidos em Cristo, não teremos motivos para temer as provações: elas atuam apenas em nosso benefício.

São João Paulo II resumiu tudo isso muito bem em sua audiência geral de 20 de agosto de 1986. Afirmou: Satanás «não pode impedir a construção do Reino de Deus. (...) De fato, podemos dizer, junto com São Paulo, que a atuação do maligno coopera para o bem (cf. Rm 8, 28) e ajuda a construir a glória dos "escolhidos" (cf. 2 Tm 2, 10)».

As Escrituras nos dão prova disso no Livro de Jó. O diabo faz uso da doença e da pobreza para assediar Jó, além de matar sua prole e seus animais de maneira brutal. Jó, no entanto, permanece firme em sua fé na bondade de Deus. Ao longo de todo o seu périplo, Jó cresce em sabedoria e prova seu amor por Deus em circunstâncias nas quais esse amor, segundo os parâmetros humanos, seria algo quase impossível.

No final da história, Jó é mais santo, mais sábio e até mais rico do que no princípio. Por tudo isso, ele é também mais feliz. Quem recebe o crédito? Será que devemos dar ao diabo

---

(1) Santo Agostinho, *Manual sobre a fé, a esperança e o amor*, capítulo 3, n. 11. Citado em: *Catecismo da Igreja Católica*, n. 311.
(2) *Catecismo da Igreja Católica*, n. 312.

aquilo que lhe é devido? À exceção de Deus Todo-poderoso, ninguém trabalhou mais em favor da santidade de Jó do que o diabo, embora fosse também a parte que menos desejava que Jó fosse santo.

A melhor política

A maneira como «o mal» atua na nossa vida não é diferente da maneira como atuou na vida de Jó. Ninguém trabalha mais assiduamente em favor da nossa santidade do que o diabo, mas ninguém a deseja menos do que ele. A atuação dele na vida de uma pessoa é sempre uma aposta. Se obtiver sucesso e conseguir nos levar ao desespero ou a outros pecados mortais, teremos capitulado à nossa verdadeira morte, que é a morte da alma. Mas se nós, assim como Jó (e, mais ainda, como Jesus), nos apegarmos ao «Pai nosso... no céu», rejeitando Satanás e todas as suas maquinações e artimanhas, também seremos mais santos, mais sábios e mais ricos no final.

Mais uma vez, isso não significa que devemos lutar individualmente contra o diabo. Ele é um anjo da mais alta ordem, com uma inteligência muitíssimo superior à de todos os homens. Sozinhos, não temos forças para derrotá-lo, e ele já foi o motivo da queda de muitas mentes e almas exaltadas ao longo da história.

Rezamos para que Deus nos livre de Satanás porque sabemos que não podemos derrotá-lo numa batalha um a um e porque não confiamos na frágil fé que temos. Rezamos com alegria a oração dos realistas, a oração dos fracos, pois é isso o que somos. «Não nos deixeis cair em tentação, mas livrai-nos do mal». Amém!

São Cipriano aponta que esses pedidos são como apólices de seguro muito abrangentes, que oferecem cobertura contra

CAPÍTULO 11. LIVRAI-NOS DO MAL

todo mal de ordem moral e física. «Se já pedimos e obtivemos
a proteção de Deus contra o mal, estamos seguros e protegidos
contra tudo aquilo que o diabo e o mundo fizerem contra nós.
Pois se um homem tem a Deus como guardião nesta vida, que
poderia ele temer?»[3]

E Ele não é meramente nosso guardião: é nosso Pai.

_____

(3) Cf. pp. 112-113.

CAPÍTULO 12

O reino, o poder e a glória

O Pai-Nosso é uma oração cheia de esperança, a ponto de soar audaciosa. A Missa do Papa Paulo VI introduz a Oração do Senhor com as seguintes palavras em latim: *Praeceptis salutaribus moniti, et divina institutione formati, audemus dicere...* — literalmente: «Admoestados pelos preceitos da salvação e formados pela instrução divina, ousamos dizer...»

A tradução oficial é mais simples, mas não menos bonita: «Rezemos com amor e *confiança* a oração que o Senhor nos ensinou» (grifo nosso).

Nossa oração é confiante e ousada porque nossa esperança é sobrenatural. Ela supera qualquer coisa que possa limitar nossa expectativa de que a oração de fato funcione. Deus é o Todo-poderoso, e por isso pode nos atender. Deus é nosso Pai amoroso, e por isso quer nos mostrar seu amor. Aproximamo-nos dele com confiança. Falamos com Ele com o destemor das crianças pequenas diante de seus pais.

Para os que não creem (e para os que creem sem muita convicção), essa esperança certamente parece ousada demais, ambiciosa demais. No entanto, devemos compreender que ela está na base de nossa vida cristã, da nossa espiritualidade. Somos filhos brincando na corte do Pai, o Rei poderoso. Somos, seguindo a fórmula tradicional, «filhos no Filho». Partilhamos da vida da Trindade. Somos filhos de Deus.

Se a filiação divina é a realização da nossa vida em Cristo, a esperança é a substância da Boa-nova que temos para compartilhar com o mundo. Diz São Pedro: «Estai sempre prontos a responder para vossa defesa a todo aquele que vos pedir a razão de vossa esperança» (1 Pe 3, 15).

Quais as razões da nossa esperança, da nossa confiança, da nossa audácia?

Um «porquê» para o nosso «por quê?»

Dentre os textos litúrgicos que contêm a Oração do Senhor, alguns dos mais antigos expressam essas razões de maneira muito clara, num pós-escrito em forma de oração que a Igreja chama de doxologia (literalmente, «palavra de glória»).

Por que ousamos rezar o Pai-Nosso?

Eis a resposta: «Pois vosso é o reino, o poder e a glória para sempre» (Mt 6, 13).

A maioria dos católicos do Ocidente conhece essa doxologia por causa da Missa, ou então porque estão familiarizados com a oração devocional dos protestantes. Quando rezam a Oração do Senhor, os protestantes, em sua maioria, incluem a doxologia.

A doxologia não aparece nos manuscritos mais antigos do Novo Testamento. Encontramo-la, no entanto, anexa ao Pai-Nosso em praticamente todas as liturgias antigas, algumas das quais remontam ao tempo dos apóstolos. Ela aparece, por exemplo, no *Didaquê* (*Instrução dos Doze Apóstolos*), um manual que

CAPÍTULO 12. O REINO, O PODER E A GLÓRIA

muitos acadêmicos acreditam ter sido escrito em Antioquia entre 60 e 90 d.c.

É notável que a doxologia, embora ausente das Escrituras, sempre apareça na Missa da Igreja antiga, pois a Missa resume os motivos por trás da esperança dos cristãos de ontem e de hoje. Por que rezamos com confiança? Porque sabemos que Deus é onipotente.

Podemos rezar dizendo *santificado seja o vosso nome* porque sabemos que o nome dEle é e será santo por toda a eternidade. Podemos rezar pela vinda do Reino porque sabemos que o Reino já está aqui.

Podemos pedir com confiança que a vontade dEle seja feita porque sabemos que essa vontade é inexorável, a despeito das escolhas que possamos fazer contra Ele (na condição de seres livres).

E isso por acaso é um reino?

Para aqueles que não têm fé, tudo isso soa absurdo. Em tom de zombaria, os críticos repetem a mesma coisa: «Jesus lhes prometeu um Reino, mas só deixou a Igreja».

Se poucos reconheceram o Filho de Deus quando Ele veio encarnado como Jesus de Nazaré, por que deveríamos esperar que pessoas assim reconhecessem Jesus nos dias de hoje, quando Ele já reina como Rei dos Reis, Senhor dos Senhores?

Jesus prometeu a seus primeiros discípulos que retornaria ainda durante a vida deles e que reinaria de maneira gloriosa na terra. Ele cumpriu essa promessa, assim como cumpre todas as promessas que faz, embora nos falte capacidade para percebê-lo.

Jesus nos prometeu um Reino glorioso que viria a existir já durante o seu tempo — e nós somos atrevidos o bastante para

COMPREENDER O PAI-NOSSO

proclamar que também essa promessa foi cumprida. Para todo o sempre, Ele estabeleceu seu Reino Eucarístico: a Igreja.

Sabemos, no entanto, que esse Reino nem sempre *aparenta* ser glorioso. Jesus nunca nos disse que o Reino seria o paraíso. Em vez disso, suas parábolas falam do trigo que cresce em meio ao joio e sobre redes de pesca que arrastam tanto o alimento sagrado quanto a sujeira profana. Somente no fim dos tempos teremos condições de ver «o reino, o poder e a glória» tal como eles são por toda a eternidade.

Contudo, Nosso Senhor nos prometeu um Reino agora... e nos deixou a Igreja! Não há contradição, não há promessa não cumprida. Jesus nos deu aquilo que nos foi prometido. Ele disse que o Reino está próximo, e de fato é assim. O Reino fica logo ali, na paróquia mais próxima.

O Reino vem a nós onde está presente o Rei. Onde estiver a Eucaristia, ali estará o Rei. «O reino, o poder e a glória» já estão aqui, na terra, porque a Igreja — o Reino Eucarístico — já está no céu.

Agora e para sempre. Amém!

CAPÍTULO 13

Palavras finais

A oração é necessária, mas não fácil; «porque não sabemos o que devemos pedir, nem orar como convém» (Rm 8, 26). Sabemos rezar de maneira superficial, mas não da maneira adequada. Nosso Pai nos conhece bem, e por isso enviou o seu Filho para nos ensinar e o seu Espírito para transformar nossos murmúrios, gemidos e suspiros nas mais elevadas orações a alcançar as profundezas do coração de Deus. «O Espírito vem em auxílio à nossa fraqueza (...). O Espírito mesmo intercede por nós com gemidos inefáveis» (Rm 8, 26). Precisamos rezar melhor, pois essa é a única maneira de viver melhor. Alguns dizem que a oração é o fôlego da vida espiritual. Isso é parcialmente verdade. Mais correto é dizer que a oração é a respiração, o alimento, o descanso, o abrigo e a frutificação da vida espiritual. A oração, portanto, é a própria vida da alma. E, como a alma é imortal, as orações que fazemos na terra são mais permanentes do que edifícios, memoriais, catedrais ou arranha-céus feitos de tijolos, aço, vidro ou mármore.

COMPREENDER O PAI-NOSSO

A oração é o caminho por meio do qual vivemos a nossa relação com Deus. *Aliança* é o termo que Jesus usa para descrever essa relação. No mundo antigo, a aliança era o meio legal e ritual de estabelecer um vínculo de família. O casamento era considerado uma aliança, assim como a adoção. A aliança, portanto, nos permite partilhar da vida da Família eterna de Deus: a Santíssima Trindade.

Frequentemente rezamos para que as coisas mudem. Rezamos por uma cura, por uma promoção no trabalho, por uma reconciliação, por um livramento. Todas essas coisas são mudanças. De fato, uma aliança sempre traz mudanças. Ela muda um relacionamento ao mudar o estado de uma das partes. E o que muda quando rezamos? Frequentemente, as pessoas parecem rezar para pedir que Deus mude de ideia. Mas Deus é eterno, perfeito, constante e imutável. Rezamos para que Ele possa *nos* fazer mudar de ideia.

A oração é a maneira por meio da qual vivemos nossa aliança; por isso, sempre traz alguma mudança, e por meio do fortalecimento da nossa relação com Deus. Se o Espírito pode transformar nossos murmúrios e gemidos em oração, então também pode transformar nossas ideias, nosso coração e nossa vontade por meio da oração. E tudo isso só pode ocorrer assim: *por meio da oração.*

Rezamos para que nos tornemos santos. É isso o que significa ter um relacionamento intenso com Deus, e é para isso que estamos na terra: para adquirir santidade. Essa é a única coisa que poderemos levar conosco quando partirmos deste mundo.

Assim nos ensinam os santos que vieram antes de nós. Eles entoaram a Oração do Senhor e desfrutaram abundantemente de seus efeitos (temos quanto a isso a confirmação infalível da Igreja). Mas, afinal, que santos devemos estudar? O melhor lugar para começar é o começo, com alguns dos nossos primeiros irmãos em Cristo, os irmãos a que chamamos de pais:

CAPÍTULO 13. PALAVRAS FINAIS

os Padres da Igreja. Prefiro recorrer aos ensinamentos deles do que aos meus.

Não mereço a honra de dividir o espaço de minhas ideias com as palavras deles neste livro, mas o que importa é o resultado — ou seja, que você continue a leitura e possa saber mais sobre os gigantes cujos ombros me dão apoio. Afinal, toda luta de boxe e todo concerto musical começam com um aquecimento antes do evento em si.

Gostaria de chamar a atenção do leitor para três temas que reaparecem nas páginas a seguir, escritas por quatro Padres da Igreja.

Primeiro, o mais importante: a centralidade da paternidade divina e a parte que nos cabe — a nossa real participação — na filiação divina de Cristo.

Em seguida, observe como os Padres insistem no fato de que o nosso objetivo é a virtude, e não o mero aprendizado. Além disso, eles falam não só sobre as virtudes que nos trazem prosperidade: honestidade, diligência, moderação, paciência, e assim por diante. Antes, desejam que possamos crescer sobretudo na posse e na prática das virtudes teologais: fé, esperança e caridade. Em suma, viver essas virtudes é viver como filhos de Deus.

Por fim, aprenda a contemplar a unidade entre a Antiga e a Nova Aliança. Observe que todos os textos incluídos neste volume são reflexões bíblicas, e não meramente reflexões sobre o Novo Testamento. A Nova Aliança está prometida na Antiga, e a Antiga Aliança se cumpre na Nova. A tipologia é o princípio por meio do qual visualizamos isso com mais clareza[1]. Ela nos mostra que passar do Antigo Testamento ao Novo é mais do que virar uma página entre Macabeus e Mateus. E mostra também que a vinda de Jesus, compreendida no contexto da plenitude dos tempos, é o fulcro da história (da história mundial e de

---

(1) Cf. *Catecismo da Igreja Católica*, nn. 128-130.

COMPREENDER O PAI-NOSSO

nossa história particular). A tipologia não é apenas um recurso literário, não é apenas uma chave interpretativa que nos permite articular a leitura de um livro complicado. Consiste, antes, em algo íntimo para todos nós: na passagem da servidão à filiação, do tempo à eternidade, do natural ao sobrenatural, da terra ao céu... do nosso Criador ao nosso Pai.

PARTE 2

Sabedoria dos Padres da Igreja

CAPÍTULO 14

São Cipriano
Tratado sobre a Oração do Senhor (trechos selecionados)

Amados irmãos, os preceitos do Evangelho são nada menos que ensinamentos divinos — fundamentos sobre os quais se edifica a esperança, apoios que fortalecem a fé, alimentos que alegram o coração, lemes que corrigem nossa trajetória e proteções que nos permitem alcançar a salvação. Instruindo as mentes dóceis dos fiéis aqui na terra, esses preceitos conduzem ao reino dos céus. Ora, Deus desejou que muitas coisas fossem ditas e ouvidas por meio de seus servos, os profetas, mas ainda maiores são os preceitos vindos do Filho — isto é, preceitos dos quais o Verbo de Deus, que estava nos profetas, dá testemunho de voz própria. Ele agora nos orienta a preparar o caminho para a sua volta, mas Ele próprio vem abrindo e mostrando o caminho para que nós — que antes vagávamos sem rumo e sem norte na escuridão da terra — possamos ser iluminados pela luz da

COMPREENDER O PAI-NOSSO

graça, seguindo o caminho da vida, tendo o Senhor como Guia e Legislador.

Além de ter orientado o Povo de Deus com advertências salutares e preceitos divinos que levam à salvação, Ele próprio nos revelou uma forma de rezar e nos aconselhou e instruiu para que soubéssemos a quem devemos dirigir nossas orações.

Aquele que nos deu a vida também nos ensinou a rezar (com a mesma benevolência com que se dignou a dar e a conceder todas as outras coisas), para que, ao nos dirigirmos ao Pai por meio da oração e da súplica ensinada por seu Filho, pudéssemos ser ouvidos mais prontamente. Ele já previa que estava próximo o tempo «em que os verdadeiros adoradores hão de adorar o Pai em espírito e verdade» (Jo 4, 23), e então cumpriu sua promessa para que nós, que recebemos a santificação dEle por meio do Espírito e da verdade, também pudéssemos adorar em verdade e espírito com base no que Ele nos ensinou. Pois qual prece poderia ser mais espiritual do que aquela que nos foi dada por Cristo, que também nos deu o Espírito Santo? Qual prece ao Pai poderia ser mais verdadeira do que aquela que nos foi entregue pela voz do próprio Filho, que é a Verdade? Rezar de uma forma diferente daquela que Ele nos ensinou não é apenas um ato de ignorância — é também um pecado, pois foi Ele mesmo quem disse: «Na realidade, invalidais o mandamento de Deus para estabelecer a vossa tradição» (Mc 7, 9).

Portanto, amados irmãos, rezemos assim como Deus nos ensinou. Rogar a Deus com palavras que vieram dEle é um ato amoroso e cordial, pois trata-se da oração de Cristo subindo aos ouvidos de Deus. Que o Pai reconheça as palavras do Filho quando rezamos, e que aquele que habita o nosso coração também possa habitar a nossa voz. E se temos o Filho como nosso Advogado diante do Pai, que possamos, na condição de pecadores que pedem perdão, fazer uso das palavras do nosso Advogado. Considerando que Ele nos disse: «O que pedirdes ao

CAPÍTULO 14. SÃO CIPRIANO

Pai em meu nome, ele vo-lo dará» (Jo 16, 23), mais efetiva ainda
será nossa oração se, além de pedir em nome de Cristo, fizermos
uso das palavras que Ele nos transmitiu.

Mas que tenhamos disciplina em nossa fala e em nossas súplicas quando rezamos, e que possamos observar critérios de silêncio e modéstia. Pensemos que estamos diante de Deus. Devemos ser agradáveis aos olhos de Deus no que diz respeito tanto
aos hábitos do corpo quanto à medida da voz, pois, assim como
os homens impudentes têm por característica gritar com estar-
dalhaço, da mesma forma os homens modestos tendem a rezar
por meio de súplicas moderadas.

Além disso, em seus ensinamentos o Senhor nos orientou
a rezar em segredo — em lugares remotos e escondidos, em
nossos próprios quartos —, pois isso é mais adequado à fé, para
que possamos reconhecer que Deus está presente em toda parte, que Ele tudo ouve e tudo vê, que acessa até mesmo os lugares mais secretos na plenitude de sua majestade, conforme está
escrito: «Porventura eu sou Deus apenas quando estou perto?
Não o sou também quando de longe? Poderá um homem se
ocultar de tal modo que eu o não veja? Porventura não enche
minha presença o céu e a terra?» (Jr 23, 23-24). E também: «Em
todo o lugar estão os olhos do Senhor, observando os maus e os
bons» (Pr 15, 3).

Quando nos encontramos com nossos irmãos e celebramos
os divinos sacrifícios com o sacerdote de Deus, devemos ter em
conta parâmetros de modéstia e disciplina — o que significa
que não devemos fazer nossas orações indiscriminadamente,
com voz insubmissa, nem direcionar a Deus súplicas tumul-
tuadas e verborrágicas que deveriam ser pedidos modestos (pois
Deus é ouvinte não da voz, mas do coração). Deus tampouco
precisa ser acionado de maneira clamorosa, pois Ele vê os pensamentos dos homens, e disso o Senhor nos dá prova ao dizer:
«Por que pensais mal em vossos corações?» (Mt 9, 4); e também

COMPREENDER O PAI-NOSSO

noutra parte: «E todas as igrejas hão de saber que eu sou aquele que sonda os rins e os corações» (Ap 2, 23).

Além disso, no primeiro livro de Samuel, Ana, que era tipo[1] da Igreja, segue e sustenta essa disciplina de oração, pois não reza a Deus com súplicas clamorosas, mas com silêncio e modéstia, no recolhimento de seu coração. Fala em oração silenciosa, mas a fé dela é visível. Não fala com a voz, e sim com o coração, pois sabe que é assim que Deus nos escuta. Por fim, Ana obteve o que buscava, porque pediu com fé. A Sagrada Escritura assim o atesta ao dizer: «Ana, porém, falava no seu coração, e apenas se moviam os seus lábios, sem se lhe ouvir a voz. (...) E o Senhor lembrou-se dela» (1 Sm 1, 13.20). Também lemos nos Salmos: «Refleti em vossos corações, quando estiverdes em vossos leitos, e calai» (Sl 4, 5). Ademais, o Espírito Santo sugere essas mesmas coisas e ensina: «Dizei no silêncio de vossos corações: É somente a vós, Senhor, que devemos adorar» (Br 6, 5)

Amados irmãos, que os fiéis não ignorem a maneira como o cobrador de impostos rezou com o fariseu no Templo: não com os olhos voltados em desafio para os céus, não com as mãos erguidas orgulhosamente, mas com a mão no peito, dando testemunho dos pecados que trazia dentro de si, implorando pela Misericórdia Divina. E embora o fariseu estivesse cheio de si, quem mereceu a santificação foi o que rezou dessa maneira, pois não confiou na salvação por acreditar em sua própria inocência (ninguém é inocente, afinal); em vez disso, confessou seus pecados humildemente enquanto rezava, e aquele que perdoa os humildes ouviu a súplica do homem. Essas coisas estão registradas no Evangelho:

---

(1) O termo «tipo» aqui deve ser lido no contexto da tipologia das Sagradas Escrituras (cf. Capítulo 12). Resumidamente, dizer que Ana é um *tipo* da Igreja significa dizer que prefigura, no Antigo Testamento, a Igreja que veio a surgir no Novo. [N. T.]

CAPÍTULO 14. SÃO CIPRIANO

Subiram dois homens ao templo para orar. Um era fariseu; o outro, publicano. O fariseu, em pé, orava no seu interior desta forma: Graças te dou, ó Deus, que não sou como os demais homens: ladrões, injustos e adúlteros; nem como o publicano que está ali. Jejuo duas vezes na semana e pago o dízimo de todos os meus lucros. O publicano, porém, mantendo-se à distância, não ousava sequer levantar os olhos ao céu, mas batia no peito, dizendo: Ó Deus, tem piedade de mim, que sou pecador! Digo-vos: este voltou para casa justificado, e não o outro. Pois todo o que se exaltar será humilhado, e quem se humilhar será exaltado (Lc 18, 10-14).

Amados irmãos, depois de aprender como devemos nos portar no momento da oração, que possamos aprender a rezar também com os ensinamentos do Senhor:

Eis como deveis rezar: Pai nosso, que estais no céu, santificado seja o vosso nome; venha a nós o vosso Reino; seja feita a vossa vontade, assim na terra como no céu. O pão nosso de cada dia nos dai hoje; perdoai-nos as nossas ofensas, assim como nós perdoamos aos que nos ofenderam; e não nos deixeis cair em tentação, mas livrai-nos do mal. (Mt 6, 9-13)

Antes de tudo, o Professor da paz e Mestre da unidade não deseja que a oração seja feita de maneira individual; não deseja que o fiel ore de si para si, sozinho. Pois não dizemos: «Meu Pai, que estais no céu», nem: «O meu pão de cada dia me dai hoje»; e o fiel que reza tampouco o faz suplicando para que as suas ofensas — as ofensas que ele cometeu — sejam perdoadas, nem para que Deus não o deixe cair em tentação e o livre do mal. Nossa oração é pública e comum; quando rezamos, não rezamos por uma pessoa, mas por todo o Povo, porque, na condição de Povo, somos um. O Deus da paz e Professor da concórdia, que

COMPREENDER O PAI-NOSSO

nos ensinou a unidade, desejou, portanto, que um rezasse por todos, assim como Ele nos carregou a todos nos ombros, mesmo sendo apenas um.

Os três jovens respeitaram essa lei de oração quando foram aprisionados na fornalha ardente, falando juntos em oração, tendo os três o mesmo coração, de acordo com o Espírito. O ensinamento da Sagrada Escritura no-lo garante e, aos nos revelar como esses homens rezavam, oferece um exemplo que devemos seguir em nossas próprias orações, para que possamos ser como eles: «Então os três jovens elevaram suas vozes em uníssono para louvar, glorificar e bendizer a Deus dentro da fornalha» (Dn 3, 51). Eles falavam como se tivessem uma só boca, embora Cristo ainda não os tivesse ensinado a rezar. E assim, enquanto rezavam, a fala dos três era benéfica e efetiva, porque o Senhor merecia uma oração pacífica, sincera e espiritual.

Também aprendemos que os apóstolos, juntamente com os discípulos, rezavam dessa maneira depois da Ascensão do Senhor: «Todos eles perseveravam unanimemente na oração, juntamente com as mulheres, entre elas Maria, mãe de Jesus, e os irmãos dele» (At 1, 14). Eles perseveraram unanimemente na oração e declararam, tanto pela urgência quanto pelo caráter harmônico dessa oração, que Deus, aquele que «aos abandonados preparou uma casa» (Sl 67, 7), só recebe na casa divina e eterna aqueles cujas orações são unânimes.

Mas quantos assuntos de suma importância estão contidos na Oração do Senhor! Assuntos tão numerosos e importantes, reunidos em palavras breves, mas espiritualmente abundantes em virtude — como se essas súplicas que fazemos fossem compêndio da doutrina divina, uma vez que compreendem todos os ensinamentos que nos foram passados. «Eis como deveis rezar: Pai nosso, que estais no céu» (Mt 6, 9). O novo homem, nascido de novo e reconectado a seu Deus pela graça divina, diz «Pai» porque, em primeiro lugar, começou a ser filho. Está escrito:

CAPÍTULO 14. SÃO CIPRIANO

«Veio para o que era seu, mas os seus não o receberam. Mas a todos aqueles que o receberam, aos que creem no seu nome, deu-lhes o poder de se tornarem filhos de Deus» (Jo 1, 11-12). O homem, portanto, que acreditou no nome dEle e tornou--se filho de Deus deve começar, a partir desse ponto, a dar graças e a se identificar como filho de Deus, declarando que Deus é seu pai que está no céu. Ele também deve dar testemunho, já nas primeiras palavras que pronuncia após seu novo nascimento, de que renunciou a seu pai terreno e carnal, passando a reconhecer como Pai (a ter como pai, em suma) apenas aquele que está no céu; pois está escrito: «O homem que diz de seu pai e sua mãe: "Não os tenho em consideração"; que não reconhece seus irmãos e ignora seus filhos; (…) este observa a vossa palavra e guarda a vossa aliança» (Dt 33, 8-9). Ademais, no Evangelho o Senhor nos orienta a não chamar «ninguém (…) de pai sobre a terra, porque um só é vosso Pai, aquele que está nos céus» (Mt 23, 9). E ao discípulo que faz menção ao pai falecido, Ele responde: «Deixa que os mortos enterrem seus mortos» (Mt 8, 22); pois o discípulo havia dito que seu pai estava morto, mas o Pai dos que creem está vivo.

Mas não devemos, amados irmãos, apenas observar e compreender que O chamamos de Pai que está no céu. A nossa oração vai além e diz: «Pai nosso», isto é, o Pai daqueles que creem, daqueles que, tendo sido santificados por Deus e restaurados pelo nascimento da graça espiritual, começaram a ser filhos dEle. (…)

Tampouco pode um povo pecador ser filho, mas chamamos de filhos aqueles a quem se concede a remissão dos pecados. A eles também se renova a promessa de imortalidade, nas palavras do próprio Senhor: «Em verdade, em verdade vos digo: todo homem que se entrega ao pecado é seu escravo. Ora, o escravo não fica na casa para sempre, mas o filho sim, fica para sempre» (Jo 8, 34-35).

COMPREENDER O PAI-NOSSO

Mas quão grande é a indulgência do Senhor! Quão grande é a sua complacência e a sua bondade para conosco, haja visto que desejou que rezássemos diante de Deus chamando-O «Pai» e que nos chamássemos a nós mesmos de filhos de Deus, assim como Cristo é o Filho de Deus. Nenhum de nós jamais ousaria incluir esse vocativo em nossas orações, a menos que Ele próprio no-lo tivesse autorizado. Devemos, portanto, amados irmãos, recordar sempre que, se chamamos a Deus de «Pai», devemos agir como filhos de Deus, para que, da mesma forma como nos é agradável tê-Lo como Pai, seja-Lhe também agradável ter-nos como filhos.

Que nossas palavras saiam de nós como se saíssem de templos de Deus, para que esteja claro que Deus habita em nós. Que nossos atos não sejam degenerados e contrários ao Espírito, a fim de que nós, que começamos a ser celestes e espirituais, possamos refletir e evitar todas as práticas que não sejam do Espírito e do céu. O próprio Senhor Deus disse: «Eu honro aqueles que me honram e desprezo os que me desprezam» (1 Sm 2, 30). Também o disse o santo apóstolo em sua epístola: «Não sabeis que (...) já não vos pertenceis? Porque fostes comprados por um grande preço. Glorificai, pois, a Deus no vosso corpo» (1 Cor 6, 19-20).

Depois disso, dizemos: *santificado seja o vosso nome* (Mt 6, 9), não porque desejamos que Deus seja santificado pelas nossas orações, mas para pedir que o nome dEle seja santificado em nós. Mas quem poderia santificar a Deus, se é Ele próprio quem santifica? Se Ele diz: «Santificai-vos, e sede santos, porque eu sou o Senhor, vosso Deus» (Lv 20, 7), fazemos bem em rezar suplicando que Ele nos ajude a perseverar naquilo que começamos a ser — nós, que fomos santificados no batismo. Com esse intento rezamos diariamente, pois precisamos de santificação diária — nós, que caímos diariamente, precisamos ser purificados do pecado por meio da santificação contínua.

CAPÍTULO 14. SÃO CIPRIANO

E o apóstolo declara qual é a santificação que nos é concedida pela misericórdia de Deus:

Nem os impuros, nem os idólatras, nem os adúlteros, nem os efeminados, nem os devassos, nem os ladrões, nem os avarentos, nem os bêbados, nem os difamadores, nem os assaltantes hão de possuir o Reino de Deus. Ao menos alguns de vós têm sido isso. Mas fostes lavados, mas fostes santificados, mas fostes justificados, em nome do Senhor Jesus Cristo e pelo Espírito de nosso Deus (1 Cor 6, 9-11).

Ele diz que somos santificados em nome de Nosso Senhor Jesus Cristo e pelo Espírito de Deus. Rezamos para que essa santificação habite em nós. Da mesma forma como nosso Senhor e Juiz orienta o homem que foi curado e revivido por Ele a não pecar novamente (para evitar que lhe ocorra algo ainda pior), fazemos essa súplica em nossas orações diárias — pedimos dia e noite —, a fim de que a santificação e o reavivamento que recebemos pela graça de Deus possa ser preservado em nós pela divina proteção.

Venha a nós o vosso reino (Mt 6, 10) é o que vem em seguida. Pedimos que o Reino de Deus se manifeste em nós assim como pedimos que o nome de Deus seja santificado em nós. Pois qual é o momento em que Deus não reina? Qual é o momento que marca o começo de algo para aquele que sempre foi e jamais deixa de ser? Rezamos pela vinda do nosso Reino, que nos foi prometido por Deus e adquirido pelo Sangue e pela Paixão de Cristo, para que nós, que somos os primeiros no mundo para Ele, possamos reinar com Cristo quando Ele reinar, como Ele mesmo prometeu: «Vinde, benditos de meu Pai, tomai posse do Reino que vos está preparado desde a criação do mundo» (Mt 25, 34).

O Reino de Deus, queridos irmãos, pode ser o próprio Cristo — aquele cuja vinda desejamos diariamente e cujo Advento

COMPREENDER O PAI-NOSSO

esperamos que se manifeste em nós. Pois, se Cristo é a Ressurreição (já que nEle ressuscitamos), compreendemos que seja também o Reino e que nEle havemos de reinar.

Mas fazemos bem em buscar o Reino de Deus — isto é, o Reino do céu —, pois também existem reinos que são da terra. E aquele que já renunciou ao mundo é superior a esses reinos e suas honrarias. Portanto, aquele que se entrega a Deus e a Cristo deseja não os reinos terrenos, mas o Reino do céu. Existe, no entanto, a necessidade de fazermos orações e súplicas contínuas, para que não nos afastemos do Reino do céu, assim como se afastaram os judeus — a quem primeiro se fez essa promessa —, conforme estabelece o Senhor: «Multidões virão do Oriente e do Ocidente e se assentarão no Reino dos céus com Abraão, Isaac e Jacó, enquanto os filhos do Reino serão lançados nas trevas exteriores, onde haverá choro e ranger de dentes» (Mt 8, 11-12).

Ele mostra que os judeus foram filhos do Reino enquanto continuaram a ser filhos de Deus; quando deixaram de reconhecer o nome do Pai, no entanto, afastaram-se do Reino. Assim, nós, cristãos, que iniciamos nossas orações chamando a Deus de Pai, rezamos também para que o Reino de Deus possa vir a nós[2].

Acrescentamos: *seja feita a vossa vontade, assim na terra como no céu* (Mt 6, 10), e o fazemos não para que Deus faça o que deseja fazer, e sim para que possamos fazer aquilo que Deus deseja. Pois quem seria capaz de se opor a Deus a ponto de impedi-Lo de fazer aquilo que é de Sua vontade? Entretanto, como o diabo nos atrapalha e nos impede de obedecer a vontade de Deus com relação a todas as coisas (em nossos pensamentos e ações), rezamos e pedimos para que a vontade de Deus se faça

---

(2) Longe de ser um libelo antissemita, essa passagem nos leva a compreender que, se Deus não poupou nem mesmo o povo escolhido de Israel e sua tão estimada capital (Jerusalém, a cidade santa), nós, gentios, definitivamente não seremos poupados do mesmo juízo que recaiu sobre nosso irmão mais velho (cf. Ex 4, 22).

CAPÍTULO 14. SÃO CIPRIANO

em nós. Para que isso ocorra, precisamos da vontade de Deus, isto é, da ajuda e da proteção dEle, já que ninguém no mundo é forte por sua própria força — nossa segurança vem apenas da graça e da misericórdia divinas. Além disso, o Senhor, expondo a irresolução da humanidade que Ele criou, diz: «Meu Pai, se é possível, afasta de mim este cálice!» (Mt 26, 39). E para mostrar aos discípulos que eles não devem agir de acordo com suas vontades individuais, mas de acordo com a vontade de Deus, prossegue: «Todavia não se faça o que eu quero, mas sim o que tu queres» (Mt 26, 39). Ainda num outro ponto Ele diz: «Pois desci do céu não para fazer a minha vontade, mas a vontade daquele que me enviou» (Jo 6, 38).

Ora, se o Filho foi obediente à vontade do Pai, muito mais obedientes devem ser os servos à vontade do Mestre! Em sua epístola, João também nos exorta e instrui a fazer a vontade de Deus:

Não ameis o mundo nem as coisas do mundo. Se alguém ama o mundo, não está nele o amor do Pai. Porque tudo o que há no mundo — a concupiscência da carne, a concupiscência dos olhos e a soberba da vida — não procede do Pai, mas do mundo. O mundo passa com as suas concupiscências, mas quem cumpre a vontade de Deus permanece eternamente (1 Jo 2, 15-17).

Aquele que deseja permanecer eternamente deve fazer a vontade de Deus, que é, Ele próprio, eterno.

Ora, eis a vontade de Deus, que Cristo obedeceu e ensinou: humildade na fala; firmeza na fé; modéstia nas palavras; justiça nas atitudes; misericórdia nas obras; disciplina no que se refere à moral; incapacidade de fazer o mal, assumindo porém o mal feito quando isso ocorrer; relacionamentos de paz com os irmãos; amor a Deus de todo o coração; amor a Deus porque é Pai e

103

COMPREENDER O PAI-NOSSO

temor de Deus porque é Deus; colocar Cristo acima de todas as coisas, tal como Ele fez conosco; manter-se sempre em união com Seu amor; e permanecer ao lado de Cristo na Cruz com coragem e fé. Sempre que alguém questionar o nome e a honra dEle, devemos ter, no discurso, a constância com a qual confessamos nossa fé; quando formos submetidos a tortura, devemos ter a confiança com a qual enfrentamos nossas batalhas; quando estivermos diante da morte, devemos ter a paciência com a qual fomos coroados. Por meio dessas ações, demonstramos que queremos ser herdeiros junto com Cristo, que obedecemos aos mandamentos de Deus e que cumprimos a vontade do Pai.

Ademais, pedimos que a vontade de Deus seja feita tanto no céu quanto na terra, ambos importantes para o nosso bem e salvação. Afinal, por possuirmos um corpo que vem da terra e um espírito que vem do céu, somos nós mesmos terra e céu, e rezamos para que a vontade de Deus seja feita em ambos — em corpo e em espírito. Pois entre a carne e o espírito há uma luta, há contendas e discordâncias diárias, de maneira que não conseguimos fazer aquilo que seria oportuno. O espírito busca coisas celestiais e divinas, ao passo que a carne está sedenta de coisas temporais e terrenas. Dessa forma pedimos que, por meio da ajuda e do auxílio de Deus, possa haver concordância entre essas duas naturezas, de modo que, sendo feita a vontade de Deus tanto no espírito quanto na carne, seja preservada a alma que renasce a partir dEle. É isso o que o apóstolo Paulo declara de maneira aberta e indubitável:

> Porque os desejos da carne se opõem aos do Espírito, e estes aos da carne; pois são contrários uns aos outros. É por isso que não fazeis o que quereríeis. Se, porém, vos deixais guiar pelo Espírito, não estais sob a lei. Ora, as obras da carne são estas: fornicação, impureza, libertinagem, idolatria, superstição, inimizades, brigas, ciúmes, ódio, ambição, dis-

CAPÍTULO 14. SÃO CIPRIANO

córdias, partidos, invejas, bebedeiras, orgias e outras coisas semelhantes. Dessas coisas vos previno, como já vos preveni: os que as praticarem não herdarão o Reino de Deus! Ao contrário, o fruto do Espírito é caridade, alegria, paz, paciência, afabilidade, bondade, fidelidade, brandura, temperança. (Gl 5, 17-23)

Portanto, por meio de orações diárias e de súplicas constantes, pedimos a Deus que a vontade dEle com relação a nós seja feita tanto no céu quanto na terra, pois esta é a vontade de Deus: que as coisas da terra deem lugar às coisas do céu, e que as coisas espirituais e divinas prevaleçam.

E se o Senhor nos orienta e adverte para que amemos até mesmo os nossos inimigos e rezemos por aqueles que nos perseguem, podemos compreender, amados irmãos, que é preciso pedir que a vontade de Deus se faça inclusive naqueles que ainda se mantêm presos à terra e ainda não começaram a viver as coisas do céu — algo que Cristo logrou realizar por meio da proteção e da renovação de toda a humanidade. Pois como os discípulos não são chamados apenas de «terra», mas de «sal da terra», e o apóstolo se refere ao primeiro homem dizendo que foi feito do pó da terra, nós, que devemos ser como Deus-Pai (aquele cujo Sol brilha tanto sobre os bons quanto sobre os maus, e cujas chuvas alcançam tanto os justos quanto os injustos), rezamos e pedimos a admoestação de Cristo de tal maneira que nossas orações sejam pela salvação de todos os homens. Portanto, assim como a vontade de Deus se faz «no céu» (isto é, em nós, por nossa fé), que ela também se faça «na terra» (isto é, naqueles que não creem), para que aqueles que ainda são da terra possam renascer na água e no Espírito e começar a ser do céu.

À medida que a oração avança, pedimos: *O pão nosso de cada dia nos dai hoje* (Mt 6, 11). Podemos compreender esse trecho tanto no sentido espiritual quanto literal, pois ambas as

COMPREENDER O PAI-NOSSO

formas de compreensão servem divinamente à nossa salvação. Pois Cristo é o Pão da vida, e esse pão não pertence a todos os homens de maneira indiscriminada. Esse pão é nosso. E assim como dizemos: «Pai nosso» — porque Ele é o Pai daqueles que compreendem e acreditam —, também dizemos «pão nosso», porque Cristo é o Pão daqueles que estão em união com o Corpo dEle. E pedimos que esse pão nos seja dado diariamente, a fim de que nenhum pecado grave nos impeça — a nós, que estamos em Cristo e recebemos diariamente a Eucaristia como alimento salvífico — de participar da Comunhão e da partilha do Pão celestial, e nem nos separe do Corpo de Cristo. Ele próprio nos adverte dizendo: «Eu sou o pão da vida. Este é o pão que desceu do céu, para que não morra todo aquele que dele comer. (...) Quem comer deste pão viverá eternamente. E o pão, que eu hei de dar, é a minha carne para a salvação do mundo» (Jo 6, 48.50-51). Quando, portanto, Ele diz que todo aquele que comer do Pão viverá eternamente, fica claro que estão vivos aqueles que partilham do Corpo de Cristo e recebem a Eucaristia pelo direito à Comunhão. Por outro lado, devemos estar atentos e rezar para que ninguém fique impedido de comungar e seja, como consequência, separado do Corpo de Cristo, mantendo-se longe da salvação, pois Ele também nos faz esse alerta: «Se não comerdes a carne do Filho do Homem, e não beberdes o seu sangue, não tereis a vida em vós mesmos» (Jo 6, 53). Portanto, pedimos que o nosso Pão — isto é, Cristo — nos seja dado diariamente, para que nós, que habitamos e vivemos em Cristo, não nos afastemos da santificação e do Corpo dEle.

Mas a seguinte compreensão também é possível: nós, que renunciamos ao mundo e que, na fé da graça espiritual, abrimos mão das riquezas e das honras terrenas, devemos pedir a Deus que nos conceda apenas o nosso alimento e o nosso sustento, uma vez que o Senhor nos instrui: «Qualquer um de vós que

CAPÍTULO 14. SÃO CIPRIANO

não renuncia a tudo o que possui não pode ser meu discípulo» (Lc 14, 33). Mas aquele que começou a ser discípulo de Cristo, renunciando a todas as coisas de acordo com a palavra do Mestre, deve pedir por seu alimento diário e não insistir demais nesses pedidos ao longo do tempo, já que novamente é o Senhor quem nos diz: «Não vos preocupeis, pois, com o dia de amanhã: o dia de amanhã terá as suas preocupações próprias. A cada dia basta o seu cuidado» (Mt 6, 34). Com razão, portanto, o discípulo de Cristo pede o alimento diário, pois a ele se proíbe pensar no amanhã. Seria contraditório e repugnante para nós se desejássemos viver longamente neste mundo, já que pedimos que o Reino de Céus venha a nós sem demora. Assim também o santo apóstolo nos admoesta, dando substância e força à firmeza da nossa esperança e da nossa fé:

Porque nada trouxemos ao mundo, como tampouco nada poderemos levar. Tendo alimento e vestuário, contentemo-nos com isto. Aqueles que ambicionam tornar-se ricos caem nas armadilhas do demônio e em muitos desejos insensatos e nocivos, que precipitam os homens no abismo da ruína e da perdição. Porque a raiz de todos os males é o amor ao dinheiro. Acossados pela cobiça, alguns se desviaram da fé e se enredaram em muitas aflições (1 Tm 6, 7-10).

Ele nos ensina não apenas que a riqueza deve ser condenada, mas também que ela nos traz toda sorte de perigos e que nela se encontra a raiz das malignas seduções que exploram a cegueira humana por meios sorrateiros e ocultos. Deus também repele o homem rico e insensato que tem grande estima por sua riqueza material e gosta de se gabar diante da abundância de sua colheita: «Insensato! Nesta noite ainda exigirão de ti a tua alma. E as coisas que ajuntaste, de quem serão?» (Lc 12, 20). O insensato que morreria naquela mesma noite regozijava-se em suas provi-

COMPREENDER O PAI-NOSSO

sões; aquele cuja vida já começava a se esvair pensava na abundância de seus alimentos. O Senhor, por outro lado, nos diz que aquele que vende todos os seus bens e os distribui entre os mais pobres torna-se perfeito e completo, e garante para si um tesouro no céu. O Senhor diz que um homem é capaz de segui-Lo e de imitar a glória de sua Paixão quando está livre de impedimentos, quando tem a cintura cingida e não está amarrado por posses materiais. Tal homem estará livre tão logo entregue suas posses a Deus. Que possamos, portanto, nos preparar e aprender a rezar, tendo consciência, a partir do teor da oração, daquilo que devemos ser.

Afinal, o pão de cada dia não pode ser motivo de preocupação para o homem justo, pois está escrito: «O Senhor não deixa o justo passar fome, mas repele a cobiça do ímpio» (Pr 10, 3). E novamente: «Fui jovem e já sou velho, mas jamais vi o justo abandonado, nem seus filhos a mendigar o pão» (Sl 36, 25). E além disso, o Senhor nos promete: «Não vos aflijais, nem digais: Que comeremos? Que beberemos? Com que nos vestiremos? São os pagãos que se preocupam com tudo isso. Ora, vosso Pai celeste sabe que necessitais de tudo isso. Buscai em primeiro lugar o Reino de Deus e a sua justiça, e todas estas coisas vos serão dadas em acréscimo» (Mt 6, 31-33).

Àqueles que buscam o Reino de Deus e a retidão, Deus promete que todas as coisas lhes serão acrescentadas. Pois se todas as coisas são de Deus, nada faltará àquele que possuir Deus, contanto que o próprio Deus não lhe falte. Assim, uma refeição foi divinamente providenciada para Daniel; quando, por ordem do rei, ele foi aprisionado na cova dos leões e ali ficou entre feras famintas, elas o pouparam, e o homem de Deus foi alimentado. Assim também, Elias em seu trajeto foi alimentado por corvos num momento de solidão e por pássaros que lhe traziam comida enquanto ele era perseguido. Eis aí a detestável crueldade da malícia humana: as feras selvagens poupam a vida dos homens

CAPÍTULO 14. SÃO CIPRIANO

e os pássaros lhes trazem alimentos, ao passo que os homens espalham armadilhas e se enchem de cólera!

Em seguida, também pedimos perdão por nossos pecados: *perdoai-nos as nossas ofensas, assim como nós perdoamos aos que nos ofenderam* (Mt 6, 12). Depois de pedirmos por comida, também pedimos que nossos pecados sejam perdoados, para que aquele que é alimentado por Deus possa viver em Deus, e para que possamos obter o sustento não apenas da vida presente e temporal, mas também da vida eterna — a vida que podemos ter se os nossos pecados nos forem perdoados. O Senhor se refere a esses pecados como «ofensas» ou «dívidas», como Ele diz em seu Evangelho: «Servo mau, eu te perdoei toda a dívida porque me suplicaste» (Mt 18, 32). E como é necessário, providencial e salutar que sejamos advertidos de que somos pecadores! Pois precisamos pedir perdão por nossos pecados diante de Deus; e, ao fazermos isso, nossa alma recobra sua própria consciência do pecado. Para que ninguém se gabe de ser inocente (de forma que, enaltecendo a si mesmo, possa perecer mais e mais), todos são instruídos quanto ao fato de que os homens pecam diariamente, e por isso são também instados a pedir perdão todos os dias.

Ademais, João nos faz um alerta em sua epístola: «Se dizemos que não temos pecado, enganamo-nos a nós mesmos, e a verdade não está em nós. Se reconhecemos os nossos pecados, (Deus aí está) fiel e justo para nos perdoar os pecados e para nos purificar de toda iniquidade» (1 Jo 1, 8-9). Na epístola, ele escreve que devemos pedir perdão por nossos pecados e que obteremos o perdão pelo qual rezamos. Portanto, o Senhor é leal e cumpre sua promessa ao perdoar os pecados, porque Aquele que nos ensinou a rezar por nossas ofensas e dívidas nos prometeu que a misericórdia e o perdão do Pai são resultados da oração.

Ele claramente estabeleceu uma condição para o cumprimento dessa promessa, pois devemos pedir que nossas ofensas

COMPREENDER O PAI-NOSSO

sejam perdoadas da mesma maneira como nós mesmos perdoamos aqueles que nos ofenderam. Sabemos que o perdão que buscamos para os nossos pecados não pode ser obtido a menos que nós mesmos tenhamos agido de maneira similar com relação aos nossos ofensores. É por isso que ele diz em outro ponto: «Porque, do mesmo modo que julgardes, sereis também vós julgados, e com a medida com que tiverdes medido, também vós sereis medidos» (Mt 7, 2). E o servo que não concedeu o perdão a outro servo mesmo após ter todas as suas dívidas perdoadas pelo mestre foi atirado de volta na prisão; por não ter perdoado o outro servo, perdeu a indulgência que havia recebido do mestre.

Cristo estabelece tudo isso de maneira ainda mais urgente em seus preceitos. Ele diz: «Perdoai, se tiverdes algum ressentimento contra alguém, para que também vosso Pai, que está nos céus, vos perdoe os vossos pecados» (Mc 11, 25). Não haverá pretexto possível no dia do Juízo Final, quando sereis julgados de acordo com vossas respectivas sentenças; e tudo aquilo que houverdes feito, igualmente sofrereis. Pois Deus nos instrui a ser pacíficos, a viver em harmonia, a ter um único pensamento na casa que Ele preparou para nós (cf. Sl 67, 7). Da mesma forma, cria-nos nos por meio de um segundo nascimento e deseja que possamos nos manter nessa trajetória depois de havermos renascido. Ele deseja que aqueles que começaram a ser filhos de Deus possam habitar a paz de Deus e que, tendo um só Espírito, possam também ter um só coração e um só pensamento. Assim, Deus não recebe o sacrifício de uma pessoa que está em desacordo com os demais; antes, exorta-o a colocar-se novamente diante do altar e a se reconciliar com seus irmãos, de modo que Ele possa se satisfazer com as orações desse filho pacificador. Nossa paz e nossas relações de irmandade são um sacrifício da mais alta estirpe — a união do nosso Povo, na unidade do Pai, do Filho e do Espírito Santo.

CAPÍTULO 14. SÃO CIPRIANO

Pois, mesmo nos sacrifícios que Abel e Caim ofereceram no princípio, Deus não observou o que estava sendo oferecido, e sim o coração dos que ofereciam; assim, aquele que se fez aceitar pelo coração também se fez aceitar pelo sacrifício. Abel, pacífico e justo na inocência de seu sacrifício, ensinou aos outros que, ao trazermos nossos dons ao altar, é preciso que o façamos com temor a Deus, com um coração simples, com a lei dos justos e com a paz da concórdia. Com razão, Abel, que tanto agradou a Deus com seu sacrifício, tornou-se ele próprio um sacrifício para Deus; dessa maneira, aquele que primeiro se sujeitou ao martírio e deu início à Paixão do Senhor pela glória do sangue tinha tanto a retidão quanto a paz do Senhor.

No fim, os que são coroados pelo Senhor serão vingados pelo Senhor no dia do Juízo; mas os que brigam e se apartam, e aquele que não vive em paz com seus irmãos —ainda que tenha sido golpeado em nome de Cristo —, esses não poderão escapar do crime de dissensão fraterna, em conformidade com o que diz o santo apóstolo e a Sagrada Escritura. Está escrito: «Quem odeia seu irmão é assassino» (1 Jo 3, 15), e nenhum assassino pode ser herdeiro do Reino dos Céus, nem viver com Deus. Aquele que prefere o caminho de Judas ao de Cristo não pode estar com Cristo. Quão grande é o pecado que não pode ser lavado nem por um batismo de sangue! Quão odioso é o crime que não pode ser redimido nem mesmo pelo martírio!

Ademais, o senhor nos aconselha a dizer em oração: *e não nos deixeis cair em tentação* (Mt 6, 13). Essas palavras nos mostram que o Inimigo nada pode fazer contra nós, a menos que Deus o tenha permitido previamente. Nosso temor, nossa devoção e nossa obediência devem se voltar para Deus, uma vez que, nas tentações malignas que sofremos, só nos sobrevém aquilo que Deus permite. Isso é confirmado pela Divina Escritura, que diz: «Depois, Nabucodonosor veio pessoalmente diante da cidade [de Jerusalém], enquanto suas tropas a sitiavam» (2 Rs 24, 11); e o

COMPREENDER O PAI-NOSSO

Senhor então entregou a cidade ao rei da Babilônia. Mas o poder que se dá ao mal tem relação com os nossos pecados, conforme está escrito: «Quem então entregou Jacó aos saqueadores, Israel aos depredadores? (Não é o Senhor contra quem pecamos, cujas vias não quiseram seguir, nem respeitar suas ordens)» (Is 42, 24). Mais uma vez, quando Salomão pecou e se afastou dos caminhos e mandamentos do Senhor, está registrado: «O Senhor suscitou um inimigo a Salomão: Hadad, o edomita, da linhagem real de Edom» (1 Rs, 11, 14).

Ora, o poder que se concede ao mal tem dois modos: pode ser uma punição por nossos pecados, ou pode ser um teste, que é possibilidade de glória, conforme o que aconteceu com Jó. Deus diz: «Pois bem! Tudo o que ele tem está em teu poder; mas não estendas a tua mão contra a sua pessoa» (Jó 1, 12). E o Senhor diz em seu Evangelho, no tempo da Paixão: «Não terias poder algum sobre mim, se de cima não te fora dado» (Jo 19, 11). Mas quando pedimos a Deus que não nos deixe cair em tentação, somos relembrados de nossa irresolução e fraqueza, para que nenhum de nós se vanglorie de maneira insolente, nem se encha de orgulho e arrogância e passe a superestimar as próprias forças, nem atribua a si mesmo a glória da profissão de fé e do sofrimento. Pois é o Senhor mesmo que nos ensina a ser humildes: «Vigiai e orai, para que não entreis em tentação. Pois o espírito está pronto, mas a carne é fraca» (Mc 14, 38). Quando uma confissão humilde e submissa vem primeiro, e quando tudo é atribuído a Deus, o que quer que se peça com temor e honra a Deus é concedido pelo amor e pela generosidade dEle.

Na conclusão da oração, depois de todas essas coisas, há uma sentença concisa que resume brevemente todos os nossos pedidos e súplicas. Concluímos, pois, dizendo: *mas livrai-nos do mal* (Mt 6, 13), o que compreende todas as coisas adversas que o Inimigo tenta fazer contra nós neste mundo. Pode haver uma proteção segura e confiável contra essas adversidades se Deus

CAPÍTULO 14. SÃO CIPRIANO

nos livrar — isto é, se Ele conceder seu divino auxílio a nós, que por esse auxílio tanto rezamos e suplicamos. E quando dizemos «livrai-nos do mal», não há mais nada a pedir. Se já pedimos e obtivemos a proteção de Deus contra o mal, estamos seguros e protegidos contra tudo aquilo que o diabo e o mundo fizerem contra nós. Pois, se um homem tem a Deus como guardião nesta vida, que poderia ele temer?

Nada mais natural, amados irmãos, que essa tenha sido a oração que Deus nos ensinou. Afinal, ela condensa em apenas uma sentença salvadora todos os ensinamentos que nos foram legados por Ele. Isso já havia sido previsto pelo profeta Isaías, quando, cheio do Espírito Santo, ele falou sobre a majestade e o amor generoso de Deus: «consumando e abreviando sua sentença [isto é, a sentença de Deus] em justiça, pois uma sentença curta executará Deus em toda a terra» (Is 10, 22-23; versão de São Cipriano). Pois quando a Palavra de Deus, nosso Senhor Jesus Cristo, veio estar conosco, entre os letrados e os iletrados, e proclamou a pessoas de todos os sexos e idades os preceitos da salvação, Ele também criou um grande compêndio desses preceitos, para que a memória dos estudiosos não se dobrasse ao peso dos ensinamentos dos céus, e para que pudessem aprender rapidamente o que era necessário para ter uma fé simples. Assim, quando Ele nos ensinou o que é a vida eterna, abarcou e resumiu o sacramento da vida por meio de uma sentença breve e divina: «Ora, a vida eterna consiste em que conheçam a ti, um só Deus verdadeiro, e a Jesus Cristo, que enviaste» (Jo 17, 3). Da mesma forma, quando Ele foi buscar na Lei e nos Profetas o primeiro e maior mandamento, disse: «Amarás o Senhor teu Deus de todo o teu coração, de toda a tua alma e de todo o teu espírito. Este é o maior e o primeiro mandamento. E o segundo, semelhante a este, é: Amarás teu próximo como a ti mesmo. Nesses dois mandamentos se resumem toda a lei e os profetas» (Mt 22, 37-40). E novamente: «Tudo o que quereis

COMPREENDER O PAI-NOSSO

que os homens vos façam, fazei-o vós a eles. Esta é a lei e os profetas» (Mt 7, 12).

O Senhor nos ensinou a rezar não apenas com palavras, mas também com atos. Ele rezou e suplicou com frequência, e assim nos ensinou, por meio de seu testemunho e exemplo, aquilo que devemos fazer, conforme está escrito: «Mas ele costumava retirar-se a lugares solitários para orar» (Lc 5, 16). E outra vez: «Naqueles dias, Jesus retirou-se a uma montanha para rezar, e passou aí toda a noite orando a Deus» (Lc 6, 12). Se aquele que não teve pecado rezou, mais ainda devem rezar os pecadores; e se Ele rezou constantemente, tendo passado noites inteiras em vigília e súplica contínua, mais constantes devemos ser nós, repetindo as nossas orações todas as noites.

Porém, o Senhor rezou e suplicou não por si mesmo (por que haveria de rezar por si mesmo aquele que não tinha dívidas?), e sim por nossos pecados, conforme Ele próprio disse a Pedro: «Simão, Simão, eis que Satanás vos reclamou para vos peneirar como o trigo; mas eu roguei por ti, para que a tua confiança não desfaleça» (Lc 22, 31-32). E mais adiante Ele roga ao Pai por todos nós: «Não rogo somente por eles, mas também por aqueles que por sua palavra hão de crer em mim» (Jo 17, 20). No que diz respeito à nossa salvação, o amor generoso de Deus é tão grande quanto a sua misericórdia. Não satisfeito em nos redimir com seu Sangue, Ele também rezou por nós. Esse era o objetivo da súplica: que pudéssemos — à semelhança do Pai e do Filho, que são um — viver em absoluta unidade. Isso esclarece também a gravidade do pecado cometido por aquele que divide o que é uno, pois essa unidade foi objeto de súplica até mesmo do Senhor, que desejava que o seu Povo pudesse se salvar e viver em paz. Ele sabia que a discórdia não pode adentrar o Reino de Deus.

Quando fazemos as nossas orações, amados irmãos, devemos estar atentos e vigilantes, elevando nossas preces com fervor no coração. Não devemos nos fixar em nenhum pensamento car-

CAPÍTULO 14. SÃO CIPRIANO

nal ou mundano, nem permitir que nossa alma pense em coisas alheias ao seu objeto, que é a oração. Por essa razão o sacerdote prefacia sua oração com um convite para que os irmãos se preparem. Ele diz: «Corações ao alto», ao que a assembleia responde: «O nosso coração está em Deus». Com isso, o próprio sacerdote é lembrado de que, naquele momento, não devemos pensar em nada além do Senhor.

Que o nosso peito esteja fechado contra o Inimigo e aberto somente para Deus; e que ele não permita que o Inimigo de Deus se aproxime de nós no momento da oração. Pois o Inimigo frequentemente nos toma de assalto, infiltra-se em nós e, por meios ardilosos, carrega nossas orações para longe de Deus, de modo que passamos a ter uma coisa no coração e outra na voz. Não é apenas com a voz, no entanto, que precisamos rezar a Deus com uma intenção humilde, mas também com a alma e com a mente. Que grande descuido é deixar-se distrair e dispersar por pensamentos tolos e profanos quando se está rezando ao Senhor — como se devêssemos ter algo em mente além do fato de estarmos falando com Deus! Como poderíeis pedir que Deus vos ouvisse se nem vós mesmos vos ouvis? Acaso desejais que Deus se lembre de vós, considerando que não vos lembrais de vós mesmos? Isso é o mesmo que baixar a guarda diante do Inimigo; rezando dessa forma, ofendeis a majestade de Deus com o desleixo da vossa oração. Também é o mesmo que estar vigilante nos olhos e dormindo no coração, ao passo que o cristão, embora possa estar dormindo nos olhos, deve ter o coração acordado, como está escrito na pessoa da Igreja que fala nos Cânticos de Salomão: «Eu dormia, mas meu coração velava» (Ct 5, 2). Assim, o apóstolo nos alerta ansiosa e cuidadosamente: «Sede perseverantes, sede vigilantes na oração, acompanhada de ações de graças» (Cl 4, 2). Com isso, ele nos ensina e revela que Deus observa os que estão atentos em suas orações, e estes obtêm aquilo que pedem.

COMPREENDER O PAI-NOSSO

Ademais, aqueles que rezam não devem se dirigir a Deus com orações infrutíferas e vazias. Uma súplica estéril é uma súplica sem efeito. Pois, assim como toda árvore que não dá fruto é cortada e jogada à fogueira, palavras infrutíferas não merecem receber nada de Deus, pois nada de proveitoso se pode tirar delas. Assim, a Santa Escritura nos instrui: «Boa coisa é a oração acompanhada de jejum, e a esmola é preferível aos tesouros de ouro escondidos» (Tb 12, 8). Aquele que, no dia do Juízo, nos recompensará por nossas obras e esmolas já é, nesta vida, um ouvinte misericordioso para os fiéis que a Ele se dirigem trazendo consigo orações associadas a boas obras. Quando Cornélio, o centurião, rezou, o pedido dele se fez ouvir, pois ele tinha o hábito de dar esmolas e de sempre rogar a Deus. Quando esse homem rezou, por volta da nona hora do dia, um anjo que lhe vinha observando os feitos apareceu e disse: «As tuas orações e as tuas esmolas subiram à presença de Deus como uma oferta de lembrança» (At 10, 4).

Quando alimentadas pelos méritos das nossas obras, as orações que fazemos ascendem rapidamente a Deus. Da mesma forma, o arcanjo Rafael foi testemunha das constantes orações e boas obras de Tobias:

Vou descobrir-vos a verdade, sem nada vos ocultar. Quando tu oravas com lágrimas e enterravas os mortos, quando deixavas a tua refeição e ias ocultar os mortos em tua casa durante o dia, para sepultá-los quando viesse a noite, eu apresentava as tuas orações ao Senhor. Mas porque eras agradável ao Senhor, foi preciso que a tentação te provasse. Agora o Senhor enviou-me para curar-te e livrar do demônio Sara, mulher de teu filho. Eu sou o anjo Rafael, um dos sete que assistimos na presença do Senhor (Tb 12, 11-15).

O Senhor também ensina coisas semelhantes por meio de Isaías:

CAPÍTULO 14. SÃO CIPRIANO

Sabeis qual é o jejum que eu aprecio? — diz o Senhor Deus: É romper as cadeias injustas, desatar as cordas do jugo, mandar embora livres os oprimidos e quebrar toda espécie de jugo. É repartir seu alimento com o esfaimado, dar abrigo aos infelizes sem asilo, vestir os maltrapilhos, em lugar de desviar--se de seu semelhante. Então tua luz surgirá como a aurora, e tuas feridas não tardarão a cicatrizar-se; tua justiça caminhará diante de ti, e a glória do Senhor seguirá na tua retaguarda. Então, às tuas invocações, o Senhor responderá, e a teus gritos dirá: Eis-me aqui!, se expulsares de tua casa toda a opressão, os gestos malévolos e as más conversações (Is 58, 6-9).

Ele promete que estará por perto e diz que atenderá e protegerá aqueles que, ouvindo as instruções que vêm de Deus, desatam os nós da injustiça que trazem no coração e dão esmolas entre os que habitam a Casa de Deus, passando, com isso, a merecer a atenção dEle. O bem-aventurado apóstolo Paulo, quando auxiliado por seus irmãos em um momento de necessidade, disse que as boas obras são sacrifícios que fazemos diante de Deus. «Recebi tudo, e em abundância. Estou bem provido, depois que recebi de Epafrodito a vossa oferta: foi um suave perfume, um sacrifício que Deus aceita com agrado» (Fl 4, 18). Quem se compadece dos pobres estende a mão para Deus, e aquele que dá aos mais necessitados dá a Deus (isto é, oferece a Deus um sacrifício espiritual de aroma agradável).

E no cumprimento dos deveres de oração, descobrimos que os três jovens que estavam com Daniel, e que se mantiveram firmes na fé e saíram vitoriosos do cativeiro, observaram a terceira, a sexta e a nona hora do dia, as quais perfaziam um sacramento, por assim dizer, da Trindade (a qual se manifestará no fim dos tempos)[3]. Pois

---

(3) As horas do dia eram contadas do amanhecer ao entardecer. A terceira hora marcava o meio da manhã; a sexta, o meio do dia; a nona, o meio da tarde.

117

COMPREENDER O PAI-NOSSO

o intervalo que vai da primeira à terceira hora expressa o número consumado que compõe a Trindade; o intervalo entre a quarta e a sexta hora, por sua vez, declara-o novamente; e quando se completa o período que vai da sétima à nona hora, considera-se que a Trindade perfeita foi enumerada três vezes, a cada três horas. No passado, os adoradores de Deus tomaram a decisão espiritual de estabelecer esses momentos como horários justos para a oração. Imediatamente, revelou-se que essas coisas eram sacramentos ancestrais, já que em tempos antigos os homens rezavam também dessa forma. O Espírito Santo, que cumpriu a graça da promessa do Senhor, desceu sobre os discípulos na terceira hora. Na sexta hora, Pedro, que estava no terraço da casa, foi instruído tanto por um sinal quanto pela palavra de Deus para que recebesse todos os homens na graça da salvação (ele anteriormente havia manifestado dúvidas sobre a ideia de receber gentios por meio do batismo). Da sexta à nona hora, o Senhor crucificado lavou nossos pecados com seu Sangue e conquistou a vitória por meio da Paixão, de modo que fosse possível nos redimir e nos trazer de volta à vida.

Mas para nós, amados irmãos, tanto os momentos de oração quanto os sacramentos aumentaram em número (se comparados aos momentos de oração que observavam os antigos). Pois também devemos rezar de manhã, para que a Ressurreição do Senhor possa ser celebrada nessa ocasião. E isso foi previamente revelado pelo Espírito Santo nos Salmos: «É a vós que eu invoco, Senhor, desde a manhã; escutai a minha voz, porque, desde o raiar do dia, vos apresento minha súplica e espero» (Sl 5, 4). Mais uma vez, o Senhor fala pela boca do profeta: «De manhã cedo eles haverão de estar vigilantes diante de mim, dizendo: "Vinde, voltemos ao Senhor"» (Os 6, 1; versão de São Cipriano). Também no pôr do sol e ao fim do dia é necessário que voltemos a rezar. Sendo Cristo o verdadeiro Sol e o verdadeiro Dia, ao rezarmos para que a luz volte a brilhar sobre nós quando o Sol e o dia se ausentam, estamos rezando pelo Advento de

CAPÍTULO 14. SÃO CIPRIANO

Cristo, que haverá de nos dar a graça da luz eterna. Ademais, o Espírito Santo nos Salmos revela que Cristo se chama Dia: «A pedra rejeitada pelos arquitetos tornou-se a pedra angular. Isto foi obra do Senhor, é um prodígio aos nossos olhos. Este é o dia que o Senhor fez: seja para nós dia de alegria e de felicidade» (Sl 118, 22-24).

O profeta Malaquias também dá testemunho de que Ele se chama Sol: «Sobre vós que temeis o meu nome, levantar-se-á o sol de justiça que traz a salvação em seus raios» (Ml 3, 20). Mas, nas Sagradas Escrituras, Cristo é o verdadeiro Sol e o verdadeiro Dia; não há momento nem hora em que nós, cristãos, não devamos estar rezando e adorando a Deus, para que possamos — nós, que estamos em Cristo, verdadeiro Sol e verdadeiro Dia — ser constantes ao longo de todo o dia em nossos pedidos e orações. Quando, pela lei do mundo, cai a noite revoluta, trazendo consigo suas mudanças alternadas, nenhum mal advindo da escuridão pode alcançar aqueles que rezam, pois os filhos da luz dispõem do Dia mesmo durante a noite. Afinal, se alguém tem a luz no coração, como seria possível ficar sem ela? Da mesma forma, se alguém tem a Cristo como Sol e Dia, como seria possível estar sem Dia e sem Sol?

Que possamos, portanto — nós, que estamos em Cristo, sempre na luz —, continuar rezando inclusive à noite. Foi assim que a viúva Ana, em oração e vigília constantes, perseverou e mereceu receber os dons de Deus, conforme está escrito no Evangelho: «Depois de ter vivido sete anos com seu marido desde a sua virgindade, ficara viúva, e agora com oitenta e quatro anos não se apartava do templo, servindo a Deus noite e dia em jejuns e orações» (Lc 2, 37). Que essa prática possa ser observada pelos gentios e pelos judeus, que permanecem na escuridão por terem abandonado a luz. Amados irmãos, que possamos reconhecer o que é certo — nós, que estamos sempre na luz do Senhor, e que recordamos e cultivamos aquilo que começamos

COMPREENDER O PAI-NOSSO

a ser pela graça que recebemos. Que possamos crer que sempre caminhamos na luz, e que não nos impeçam as trevas das quais escapamos. Que as preces sejam abundantes durante a noite, e que nenhuma ocasião de oração seja desperdiçada. Recriados e renascidos no Espírito pela misericórdia de Deus, que possamos imitar no presente aquilo que um dia haveremos de ser. No Reino, teremos apenas o Dia, sem a intervenção da noite; que possamos, portanto, estar em vigília nas horas noturnas como se fossem diurnas. Se devemos rezar e dar graças a Deus para sempre, que não deixemos de fazê-lo constantemente também nesta vida.

CAPÍTULO 15

São Cirilo de Jerusalém
Catequese mistagógica V
(trechos selecionados)

Fazemos a oração que o Salvador legou a seus próprios discípulos. Com consciência limpa, chamamos a Deus de Pai, dizendo: *Pai nosso, que estais no céu* (Mt 6, 9). Ó, quão sublime e amorosa é a bondade de Deus! Aos que se revoltaram contra Ele e viviam em miséria extrema, Ele concedeu o perdão completo pelos maus atos e uma intensa participação na graça divina, a ponto de ser possível, a esses homens, chamá-Lo de «Pai».

Pai nosso, que estais no céu (Mt 6, 9). Aqueles que reproduzem em si as feições do homem celestial (cf. 1 Cor 15, 49), no qual Deus habita e caminha (cf. Is 53; Rm 2, 24), são um céu.

Santificado seja o vosso nome (Mt 6, 9). O nome de Deus é, por natureza, santo, quer enunciemos essa realidade ou não. Como o nome de Deus é às vezes profanado entre os pecadores (como diz a Escritura: «Por vossa causa o nome de Deus é

COMPREENDER O PAI-NOSSO

blasfemado entre os pagãos» [Rm 2, 24]), rezamos para que esse nome possa ser santificado em nós. Isso não quer dizer que ele não era santo e, então, passa a sê-lo, mas que se torna santo em nós, quando nós mesmos somos santificados e fazemos coisas dignas da santidade.

Venha a nós o vosso Reino (Mt 6, 10). Uma alma pura pode dizer, com ousadia: «Venha a nós o vosso Reino». Isso porque aquele que ouviu Paulo dizer: «Não reine, pois, o pecado em vosso corpo mortal, de modo que obedeçais aos seus apetites» (Rm 6, 12), e purificou a si mesmo nos atos, nos pensamentos e nas palavras, pode então dizer a Deus: «Venha a nós o vosso Reino».

Seja feita a vossa vontade, assim na terra como no céu (Mt 6, 10). Os divinos e santos anjos de Deus fazem a vontade dEle, assim como disse Davi no Salmo: «Bendizei ao Senhor todos os seus anjos, valentes heróis que cumpris suas ordens» (Sl 102, 20). Na prática, é isso que quereis dizer com as vossas orações: «Assim como nos anjos se faz a vossa vontade, que ela se faça na terra em mim, ó Senhor».

O pão nosso supersubstancial nos dai hoje (cf. Mt 6, 11)[1]. O pão comum não é supersubstancial, mas o Pão sagrado o é, o que significa que ele se destina ao sustento da alma. Pois esse pão não vai para a barriga e depois para a fossa (cf. Mt 15, 17), mas é distribuído pela totalidade da nossa pessoa, para o benefício do corpo e da alma. Ao dizer «hoje», o Senhor se refere a cada dia, assim como Paulo se refere a cada dia ao utilizar o mesmo termo (cf. Hb 3, 15).

Perdoai-nos as nossas ofensas, assim como nós perdoamos aos que nos ofenderam (Mt 6, 12). Temos muitos pecados; ofendemos tanto por palavras quanto por pensamentos, e fazemos inúmeras coisas dignas de condenação. Quem afirma não ter

---

(1) O autor apresenta outras possíveis traduções desse trecho no Capítulo 7. [N. T.]

CAPÍTULO 15. SÃO CIRILO DE JERUSALÉM

pecado engana-se a si mesmo, como diz João (cf. 1 Jo 1, 8). E fazemos uma aliança com Deus, suplicando-Lhe que nos perdoe por nossos pecados, assim como nós perdoamos aos outros pelas ofensas que cometem contra nós. Considerando-se, pois, aquilo que recebemos a partir dessa aliança, não tardemos em nos perdoar uns aos outros. As ofensas que os outros nos dirigem são leves e triviais, e podem ser resolvidas com facilidade; as que cometemos contra Deus, por outro lado, são grandes e exigem uma misericórdia que só Ele seria capaz de oferecer. Vigiai, pois, para que os pecados leves e triviais cometidos contra vós não vos impeçam de obter o perdão de Deus pelas faltas graves que cometeis.

E não nos deixeis cair em tentação (Mt 6, 13), ó Senhor. Estaria o Senhor nos ensinando a rezar para que de maneira nenhuma sejamos tentados? Ora, se assim fosse, por que haveria de estar escrito: «Que sabe aquele que não foi experimentado?» (Eclo 34, 9), ou mesmo: «Considerai que é suma alegria, meus irmãos, quando passais por diversas provações» (Tg 1, 2)? Mas será que entrar em tentação significa ser vencido pela tentação? Pois a tentação é, por assim dizer, como um violento riacho congelante difícil de cruzar. Aqueles, portanto, que não são vencidos pelas tentações passam pelas águas sem deixar-se arrastar por elas, e com isso provam que são excelentes nadadores; por outro lado, os que não são excelentes nadadores entram nas tentações e são por elas vencidos. Judas, por exemplo, entrou na tentação do amor e do dinheiro e não conseguiu nadar através dela, sendo vencido e estrangulado em corpo e em espírito. Pedro entrou na tentação da negação, mas não chegou a ser vencido por ela; ao contrário, nadou através dela com coragem e foi liberto. Ouçamos o que diz alhures uma companhia de santos que dá graças pelo livramento da tentação: «Pois vós nos provastes, ó Deus, acrisolastes-nos como se faz com a prata. Deixastes-nos cair no laço, carga pesada pusestes em nossas cos-

COMPREENDER O PAI-NOSSO

tas. Submetestes-nos ao jugo dos homens, passamos pelo fogo e pela água; mas, por fim, nos destes alívio» (Sl 65, 10-12). Eles falam com destemor, pois já atravessaram as tentações e não foram atingidos por elas. «Por fim, nos destes alívio». Esse alívio é justamente o livramento da tentação.

Mas livrai-nos do mal (Mt 6, 13). Se a intenção de dizer «não nos deixeis cair em tentação» fosse pedir para que não fôssemos tentados de nenhuma maneira, Ele não teria dito: «Mas livrai--nos do mal». Ora, o «mal» é o nosso Inimigo, o diabo; é dele que desejamos ser livrados.

Depois de completarmos a oração, dizemos «Amém»; com esse «Amém», que significa «assim seja», selamos os pedidos feitos por meio dessa oração que nos foi divinamente ensinada.

CAPÍTULO 16

São João Crisóstomo
Homilia XIX sobre o Evangelho de São Mateus (trechos selecionados)

Eis como deveis rezar, diz Ele: *Pai nosso, que estais no céu* (Mt 6, 9). Observai como Ele imediatamente chama a atenção do ouvinte para a grande generosidade de Deus. Pois chamar a Deus de «Pai» é reconhecer a remissão dos pecados e o livramento da punição, e é reconhecer também a retidão, a santificação, a redenção, a adoção, a herança, a irmandade que temos com o Unigênito e o dom do Espírito. Pois ninguém pode chamar a Deus de «Pai» sem antes ter obtido todas essas bênçãos. Ele, portanto, desperta o espírito dos ouvintes de duas formas: primeiro, lembra-os da dignidade Daquele para o qual se reza; segundo, lembra-os da grandeza dos benefícios aos quais tiveram acesso.

COMPREENDER O PAI-NOSSO

Mas quando Jesus diz «no céu», não o faz para limitar Deus aos céus, mas para remover da terra o fiel que se encontra em oração, fixando-o nas habitações e nos lugares mais elevados. Ele nos ensina, ademais, a fazer nossas orações em comunhão — isto é, a fazê-las também em nome de nossos irmãos. Pois Ele não diz: «Meu Pai, que estais no céu», e sim: «Pai nosso...». Ensina cada um de nós a render súplicas pelo Corpo coletivo — não por nosso próprio bem, mas pelo bem do próximo. Por meio desse pedido Ele afasta o ódio, reprime o orgulho, expulsa a inveja, enaltece a mãe de todas as benignidades (isto é, a caridade), extermina a desigualdade das coisas humanas e nos mostra a real extensão da igualdade existente entre o rei e o pobre. Pois somos todos iguais naquilo que é maior e mais indispensável. Que mal poderia sobrevir aos irmãos que estão abaixo de nós, se pelas coisas do alto estamos todos ligados, posto que em quantidades iguais as possuímos — ricos e pobres, mestres e servos, os que criam a lei e os que a ela se submetem, reis e soldados, filósofos e bárbaros, sábios e iletrados? Pois aos homens Deus conferiu uma única nobreza, dando a todos nós — sem distinção — o privilégio de chamá-Lo de «Pai».

Portanto, depois de nos lembrar dessa nobreza — deste dom que vem de cima —, da igualdade que temos em relação a nossos irmãos e da caridade, e depois de nos remover da terra e nos fixar no céu, vejamos o que Ele nos instrui a pedir. Só o trecho inicial, no entanto, já seria suficiente para nos colocar no caminho de toda a virtude; pois, se alguém chama a Deus de «Pai» — um Pai que todos temos em comum —, é de se esperar que demonstre ser digno dessa nobreza e que tenha na vida uma diligência proporcional ao dom recebido.

Santificado seja o vosso nome (Mt 6, 9). Aquele que chama a Deus de «Pai» não deve colocar nenhum pedido acima da glória dEle e deve enaltecê-Lo antes de todas as coisas. «Santificado» significa «glorificado». A glória do próprio Deus é completa e

CAPÍTULO 16. SÃO JOÃO CRISÓSTOMO

permanece a mesma, mas somos instruídos a rezar buscando fazer que Ele seja glorificado também em nossas vidas. Ele já havia dito a mesma coisa antes: «Assim, brilhe vossa luz diante dos homens, para que vejam as vossas boas obras e glorifiquem vosso Pai que está nos céus» (Mt 5, 16). Os serafins também dão glória: «Santo, santo, santo é o Senhor Deus do universo!» (Is 6, 3; cf. Ap 4, 8). «Santificado», portanto, significa «glorificado». Em outras palavras, Ele diz: «Permita que possamos viver de maneira pura, para que por meio de nós todas as coisas possam Vos glorificar». Uma vida assim resulta do mais perfeito autocontrole; nossa meta é levar uma vida irretocável, para que os que estão ao redor possam dar as graças devidas ao Senhor pela retidão que veem em nós.

Venha a nós o vosso Reino (Mt 6, 10). Essa é também a fala de um filho sensato de Deus — não ter apego pelas coisas visíveis, nem dar demasiada importância às coisas presentes, mas caminhar sempre em direção ao nosso Pai e esperar com ânsia pelas coisas vindouras. Esse pedido advém da boa consciência e de uma alma liberta de tudo o que é mundano. Paulo, por exemplo, esperava por isso todos os dias. Nesse sentido, disse: «Também nós, que temos as primícias do Espírito, gememos em nós mesmos, aguardando a adoção, a redenção do nosso corpo» (Rm 8, 23). Pois aquele que tem esse desejo não pode se deixar levar pelas coisas boas desta vida, nem deve se abater pelas tristezas que ela traz. Tal homem está livre de toda vontade desarrazoada, como se já morasse no céu.

Seja feita a vossa vontade, assim na terra como no céu (Mt 6, 10). Eis um raciocínio muitíssimo elevado! Ele nos instruiu a esperar ansiosamente pelas coisas vindouras e a apertar o passo em direção ao céu. Até que venha esse dia, e enquanto ainda estamos aqui, na terra, Ele nos instrui a manifestar, com sinceridade, o mesmo tipo de vida que teremos no céu. «Pois vós deveis ansiar», diz Ele, «pelo céu e pelas coisas do céu»; entre-

COMPREENDER O PAI-NOSSO

tanto, mesmo antes do céu, instrui-nos a fazer da terra o céu e a ter atitudes e palavras compatíveis com as que teremos no céu. Isso também é objeto da oração que fazemos ao Senhor. Pois o fato de habitarmos a terra em nada nos impede de alcançar a perfeição dos poderes do alto; ao contrário, podemos fazer todas as coisas como se já estivéssemos no alto, mesmo estando aqui embaixo. O que Ele quer dizer, portanto, é: «Assim como no céu todas as coisas são feitas sem empecilho, e os anjos não são em parte obedientes, em parte desobedientes, mas em todas as coisas se sujeitam e se entregam a Deus (pois Ele diz: «valentes heróis que cumpris suas ordens» [Sl 103, 20]), que possamos fazer a vossa vontade não de forma incompleta, mas de forma inteira, com comportamentos que se conformem àquilo que desejais».

Percebeis que Ele também nos ensina a modéstia ao deixar claro que a fonte da virtude não são nossos feitos, mas a graça que vem do alto? E, novamente, Ele ordenou a cada um dos que rezam que tomasse para si o cuidado do mundo todo. Pois não disse «seja feita a vossa vontade em mim», nem mesmo «em nós», mas em todos os lugares da terra, para que o erro seja destruído, para que a verdade possa reinar, para que toda perversão seja expulsa do mundo, para que a virtude esteja entre nós e para que não haja discordância entre uma coisa e outra (entre o céu e a terra, portanto). «Pois, se isso vier a ocorrer», diz Ele, «não existirá diferença entre as coisas de baixo e as coisas do alto, que estão separadas por natureza, e haverá então uma legião de anjos sobre a terra».

O pão nosso de cada dia nos dai hoje (Mt 6, 11). O que é «o pão de cada dia»? Ora, é a quantidade de pão necessária para um dia.

Porque \ havia dito: *seja feita a vossa vontade, assim na terra como no céu* (Mt 6, 10), e porque estava, naquele momento, entre homens feitos de carne e osso, sujeitos às necessidades da natureza e incapazes da mesma impassibilidade dos anjos

CAPÍTULO 16. SÃO JOÃO CRISÓSTOMO

(embora Ele nos tenha mandado seguir as mesmas instruções que os anjos seguem), Jesus também leva em conta, no pedido que se segue, a nossa natureza irresoluta. Assim, está dizendo: «Exijo dos homens e dos anjos a mesma perfeição na conduta, mas não a ausência completa das paixões, pois a tirania da natureza, que cobra dos homens o alimento de cada dia, assim não o permite». Observai, porém, que até mesmo nas coisas corpóreas transbordam as coisas espirituais. Ele não nos mandou rezar por posses, por uma vida sofisticada ou por roupas caras — foi apenas pelo pão que Ele nos mandou rezar. E rezamos pelo «pão de cada dia» para que não nos preocupemos «com o dia de amanhã» (Mt 6, 34). Foi por isso que acrescentou «de cada» à oração — isto é, pão suficiente para um dia.

Mas nem mesmo essa expressão satisfaz totalmente o Senhor, razão pela qual Ele acrescenta: *nos dai hoje* (Mt 6, 11). Isto é para que não nos preocupemos nem fiquemos ansiosos com o dia seguinte. Afinal, por que haveríamos de ficar ansiosos com o futuro quando não sabemos se chegaremos a vê-lo?

Ele nos adverte de maneira mais direta a esse respeito: «Não vos preocupeis, pois, com o dia de amanhã» (Mt 6, 34). Deseja que estejamos livres de qualquer peso e preparados para voar, e também que cedamos à natureza apenas naquilo que as nossas próprias necessidades o exigem.

Em seguida, quando nos acontece de pecarmos mesmo após sermos lavados pelas águas da regeneração, mesmo nessas circunstâncias Ele demonstra a grandeza de seu amor pelos homens. Para que nossos pecados sejam redimidos, manda-nos vir a Deus, que ama os homens, e dizer: *perdoai-nos as nossas ofensas, assim como nós perdoamos aos que nos ofenderam* (Mt 6, 12).

Não vedes aqui uma misericórdia suprema? Mesmo depois de haver extinguido tantas coisas malignas, e mesmo depois de nos haver concedido, com indizível grandeza, o dom que rece-

COMPREENDER O PAI-NOSSO

bemos — mesmo depois de tudo isso Ele está disposto a perdoar os homens que reincidem no pecado.

O fato de essa oração pertencer aos que creem nos é ensinado tanto pelas leis da Igreja quanto pelas primeiras palavras da própria oração, já que alguém que não tenha sido batizado não poderia chamar a Deus de «Pai». Se, portanto, a oração pertence aos que creem, e se eles fazem essa oração e suplicam a Deus para que seus pecados lhes sejam perdoados, resta claro que nem mesmo a reincidência no pecado nos priva do benefício do arrependimento; de fato, se esse não fosse o significado das palavras de Jesus, Ele não teria estabelecido uma lei segundo a qual temos de rezar conforme nos foi ensinado. Ele traz à tona os pecados que cometemos, exorta-nos a pedir perdão por eles, ensina-nos a obter a absolvição e, com tudo isso, suaviza o nosso caminho. É perfeitamente claro, portanto, que Ele nos apresentou essa regra de súplica sabendo (e comunicando) que podemos ser purificados mesmo daquelas ofensas cometidas depois das águas do batismo. Ao nos lembrar de nossos pecados, Ele nos convida à modéstia; ao indicar que devemos nos perdoar uns aos outros, Ele nos liberta dos fortes sentimentos de vingança; ao nos prometer o perdão (contanto que também perdoemos), Ele nos aponta um caminho de grande esperança e nos orienta a reconhecer a profundidade da indizível misericórdia de Deus para com os homens.

Mas devemos observar em primeiro plano que cada trecho rezado traz em si a totalidade da virtude. Desta maneira, pode-se afirmar que Ele já havia incluído o esquecimento das faltas anteriormente — pois «santificado seja o vosso nome» implica uma forma de vida perfeita, e «seja feita a vossa vontade» declara a mesma coisa. Além disso, ter a possibilidade de chamar a Deus de «Pai» é profissão de uma vida irrepreensível. Em tudo isso está incluso nosso dever de reprimir a raiva que sentimos contra aqueles que nos ofenderam. Entretanto, Jesus foi ainda

CAPÍTULO 16. SÃO JOÃO CRISÓSTOMO

além desses pedidos. Para transparecer a seriedade com que tratava o tema do perdão, Ele nos faz uma última advertência logo após ensinar a oração, sem mencionar nada além de: «Porque, se perdoardes aos homens as suas ofensas, vosso Pai celeste também vos perdoará» (Mt 6, 14).

Assim, o perdão começa conosco, e nós mesmos temos controle sobre o julgamento ao qual estaremos sujeitos. Para que ninguém, nem mesmo o homem tolo, tenha motivo para queixar-se (seja pouco ou muito) quando for chamado ao juízo, Ele faz com que as sentenças dependam de vós, que devereis prestar contas diante dEle. «Se não perdoardes aos homens, tampouco vosso Pai vos perdoará» (Mt 6, 15). E se perdoardes ao servo, que é vosso irmão, obtereis o mesmo favor de Mim, embora na verdade um perdão não se equipare ao outro. Pois vós perdoais porque vos é necessário, mas para Deus nada é necessário; vós perdoais ao escravo que é vosso irmão, mas Deus perdoa ao escravo que Lhe pertence; vós tendes inúmeras acusações a vos pesar sobre os ombros, mas Deus não tem pecado nenhum. É assim que Ele demonstra a generosa bondade que tem para com os homens.

De fato, é possível que Ele vos perdoe todas as ofensas mesmo que essa condição não seja atendida por vós. Entretanto, deseja vos conceder um benefício, e é por isso que vos proporciona em toda parte inúmeras ocasiões de bondade e amor: para expulsar de vós toda brutalidade, toda intriga e toda cólera, para que estejais sempre perto dEle.

Será que de fato podeis dizer: «Tive de suportar injustamente um mal que me foi causado por meu irmão»? Essas são apenas transgressões; se um ato foi praticado com justiça, não se trata de uma transgressão. Vós, porém, estais cada vez mais próximo de receber o perdão por essas e por outras coisas muito mais graves. Mesmo antes do perdão, haveis recebido um dom bastante significativo: aprendestes que tendes uma alma humana e fostes

COMPREENDER O PAI-NOSSO

colocados no caminho da ternura. Uma grande recompensa coloca-se diante de vós, pois vossas ofensas lhes serão apagadas. Que tipo de punição, portanto, não merecemos se, mesmo tendo recebido o privilégio, traímos nossa salvação? E como podemos reivindicar que se ouçam nossos outros pedidos se não nos esforçamos para cumprir aqueles que dependem de nós? *E não nos deixeis cair em tentação, mas livrai-nos do mal. Pois vosso é o reino, o poder e a glória para sempre. Amém* (Mt 6, 13)[1]. Aqui, Ele nos ensina que somos vis. Reprime nosso orgulho e nos instrui a evitar os conflitos, em vez de procurar, inquietos, por eles. Assim, nossa vitória será mais cheia de glória e a derrota do diabo será ainda mais espetacular. Isso quer dizer que, mesmo quando somos arrastados, devemos nos manter de pé com nobreza; e quando não somos convocados, devemos permanecer quietos e esperar o momento do conflito, para então demonstrarmos que não temos nenhuma vaidade e que nosso espírito é nobre.

E Jesus aqui chama o diabo de «mal» e nos manda declarar contra ele uma guerra sem trégua. E também deixa implícito que o diabo não é mau por natureza (pois a maldade não tem causa natural; é-nos acrescida por escolha). E o diabo é chamado de «mal» de maneira proeminente por ter maldade em excesso e por travar uma guerra implacável contra nós, que nada fizemos contra si. Portanto, Ele não diz: «livrai-nos daqueles que são maus», mas «livrai-nos daquele que é mau», instruindo-nos a jamais ter ódio contra o próximo (a despeito das faltas que \ possam ter cometido contra nós) e a transferir para o diabo toda a animosidade que de outro modo sentiríamos contra nossos irmãos, uma vez que o diabo é a raiz de todas as faltas.

---

(1) Leitura alternativa extraída da *Revised Standard Version Catholic Edition*, nota de rodapé *n*.

CAPÍTULO 16. SÃO JOÃO CRISÓSTOMO

Depois de nos preparar para o conflito ao nos trazer à mente o Inimigo, e depois de nos exortar a abandonar toda a negligência, Ele novamente nos incentiva e eleva nosso espírito ao nos lembrar do Rei diante do qual estamos dispostos e ao descrevê-Lo como Todo-poderoso. *Pois vosso é o reino, o poder e a glória para sempre* (Mt 6, 13).

Ora, se a Ele pertence o Reino, não seria correto dizer que não devemos ter medo de ninguém, já que ninguém pode opor-Lhe resistência e tomar-Lhe parte do Reino? Pois quando Jesus diz: «vosso é o reino», está descrevendo aquele que guerreia contra nós como alguém já devidamente submetido (embora Deus permita temporariamente que se oponha a nós). Pois na verdade ele também está entre os servos de Deus, embora um servo ofensor, de classe degradada; e não ousaria atacar um dos outros servos de Deus se não fosse autorizado pelo próprio Deus a fazê-lo. E por que digo «um dos outros servos de Deus»? Ora, nem mesmo contra os porcos ele ousou investir sem antes obter a permissão divina (cf. Mt 8, 28-32; Mc 5, 1-13; Lc 8, 26-33), e o mesmo vale para rebanhos e manadas, contra os quais ele só ousou investir depois de autorizado.

«O poder», diz Ele. Portanto, por mais numerosas que sejam as vossas fraquezas, tende sempre confiança, pois há alguém que reina sobre vós, e esse alguém tem poder para fazer qualquer coisa — e com facilidade —, até mesmo por meio de vós.

«E a glória para sempre. Amém.» Assim, Ele não só vos livra dos perigos que se aproximam de vós, mas também pode encher-vos de glória e tornar-vos ilustres. Pois, assim como o poder dEle é grande, a glória dEle é inexprimível, e esse poder e essa glória são ilimitados e infinitos. Percebeis como Ele ungiu o Campeão e nEle nos mandou colocar toda a nossa confiança?

De todas as coisas que Ele odeia, a malícia vem primeiro, e Ele aprecia sobretudo a virtude diretamente oposta a esse vício. Assim, depois da Oração do Senhor, recorda-nos novamente

COMPREENDER O PAI-NOSSO

esse aspecto da bondade, mostrando-nos tanto a punição quanto a recompensa e instando o ouvinte a prestar atenção ao que Ele tem a dizer.

«Porque, se perdoardes aos homens as suas ofensas», diz, «vosso Pai celeste também vos perdoará. Mas, se não perdoardes aos homens, tampouco vosso Pai vos perdoará» (Mt 6, 14-15). (...) Não apenas pela graça, mas também pelas obras devemos nos tornar filhos de Deus. E, se queremos ser assim como Deus, é melhor que estejamos preparados para perdoar os ímpios e os malfeitores, como de fato Ele nos ensinou anteriormente ao falar sobre o Pai, o qual «faz nascer o sol tanto sobre os maus como sobre os bons» (Mt 5, 45).

CAPÍTULO 17

Santo Agostinho
O Sermão da Montanha
(trechos selecionados)

Já é tempo de refletir sobre a oração prescrita por Aquele que nos ensinou a quem devemos rezar e como podemos obter o que pedimos.

Eis como deveis rezar: Pai nosso, que estais no céu, santificado seja o vosso nome; venha a nós o vosso Reino; seja feita a vossa vontade, assim na terra como no céu. O pão nosso de cada dia nos dai hoje; perdoai-nos as nossas ofensas, assim como nós perdoamos aos que nos ofenderam; e não nos deixeis cair em tentação, mas livrai-nos do mal (Mt 6, 9-13).

Em toda súplica, buscamos primeiro obter a benevolência daquele a quem rezamos; em seguida, fazemos nossos pedi-

COMPREENDER O PAI-NOSSO

dos. A benevolência é normalmente obtida louvando-se Aquele a Quem a prece se dirige, e isso é colocado no início da oração. Nesse sentido, Nosso Senhor nos manda dizer apenas: *Pai nosso, que estais no céu* (Mt 6, 9). Pois muitas coisas se poderiam dizer para louvar a Deus — coisas que podem ser encontradas e ditas por qualquer um, dado que estão espalhadas em abundância por toda a Sagrada Escritura. Entretanto, em parte alguma se encontra um preceito que instrua o povo de Israel a dizer «Pai nosso», ou então que se deve rezar a Deus como a um Pai. Pois Deus foi revelado a eles como Senhor, já que eles ainda eram servos (isto é, ainda viviam de acordo com a carne).

Digo que eram servos porque receberam os mandamentos da Lei e foram instruídos a obedecê-los. Pois os profetas frequentemente mostram que esse mesmo Senhor poderia ter sido Pai deles se eles não tivessem se afastado dos mandamentos. Pode-se constatá-lo nas seguintes passagens da escritura: «Eu criei filhos e os eduquei; eles, porém, se revoltaram contra mim» (Is 1, 2); «Sois deuses, sois todos filhos do Altíssimo» (Sl 82, 6); e: «Ora, se eu sou Pai, onde estão as honras que me são devidas? E se eu sou o Senhor, onde está o temor que se me deve?» (Ml 1, 6). Nessas e em várias outras passagens aponta-se que os judeus, por meio de seus pecados, demonstraram não ter o desejo de se tornar filhos. Essas coisas profetizam o advento do Povo cristão, que viria a ter Deus como Pai, de acordo com o que se afirma no Evangelho: «A todos aqueles que o receberam, (…) deu-lhes o poder de se tornarem filhos de Deus» (Jo 1, 12). Novamente, o apóstolo Paulo diz: «Enquanto o herdeiro é menor, em nada difere do escravo» (Gl 4, 1), e menciona que recebemos o Espírito da adoção, clamando: «*Abba*, Pai!» (Gl 4, 6).

Como o chamado que recebemos à eterna herança — isto é, o chamado por meio do qual somos convidados a ser herdeiros

CAPÍTULO 17. SANTO AGOSTINHO

com Cristo e a tornar-nos filhos adotivos — não é algo que merecemos, mas uma graça de Deus, colocamos essa mesma graça no início da nossa oração ao dizer: «Pai nosso». Nesse apelativo encontram-se o amor (pois quem haveria de ser mais amado por um pai do que o próprio filho?) e uma disposição suplicante, como se houvesse a certeza de que vamos obter aquilo que estamos prestes a pedir.

De fato, antes mesmo de pedir qualquer coisa, já recebemos a grande bênção de poder chamar a Deus de Pai. Que não concederia Ele aos filhos que clamam, considerando que esse grande dom Ele já nos concedeu de antemão — especificamente, a filiação divina?

E que grande zelo devemos ter ao dizer «Pai nosso», para que não sejamos indignos de um Pai assim tão grandioso! Pois se a qualquer homem do povo fosse permitido chamar um senador de idade mais avançada de «pai», sem dúvida ele tremeria de medo e evitaria fazê-lo sem antes refletir sobre sua própria origem humilde, sobre a escassez de seus recursos, sobre a insignificância de sua condição de plebeu. Nós, portanto, devemos tremer ainda mais ao chamar a Deus de «Pai» se nosso caráter for maculado e abjeto a ponto de fazer com que Deus queira se afastar de nós como um senador quereria se afastar de um indigente.

De fato, o senador despreza a pobreza do mendigo, mas mesmo um senador poderia ser reduzido à pobreza pelas vicissitudes dos assuntos humanos; Deus, por outro lado, jamais poderia cair à condição de baixeza dos homens. Graças sejam dadas, pois, à misericórdia daquele que determina que o tenhamos como Pai — uma relação que não poderíamos alcançar por nossos próprios esforços, mas apenas pela benevolência de Deus. Aqui também há uma advertência aos ricos e aos nobres (no que diz respeito à vida deste mundo), para que, após terem se tornado cristãos, não se comportem de maneira orgulhosa

COMPREENDER O PAI-NOSSO

diante dos pobres e dos que têm origem humilde, pois juntos todos chamam a Deus de «Pai nosso» — expressão que só podemos usar de maneira verdadeira e piedosa se antes reconhecermos que todos somos irmãos.

Portanto, que o novo Povo chamado a partilhar da eterna herança use a palavra do Novo Testamento e diga: «Pai nosso, que estais no céu» — isto é, no que é santo e justo. Pois Deus não está contido no espaço. De fato, os céus são os elementos materiais mais elevados que existem, mas ainda assim são elementos materiais e, portanto, só podem existir ocupando um lugar específico. Mas se o lugar de Deus, conforme se acredita, são os céus (a parte mais elevada do mundo), então as aves têm mais valor do que nós, pois vivem mais perto dEle. Mas não está escrito que «O Senhor está próximo dos homens altos, ou daqueles que habitam as montanhas»; está escrito: «O Senhor está perto dos contritos de coração» (Sl 33, 19), numa referência à humildade. E, se por um lado Deus indica ao pecador que ele é pó, dizendo: «Porque és pó, e pó te hás de tornar» (Gn 3, 19), por outro se poderia chamar o homem justo de «céu», pois a esse homem se diz: «Porque o templo de Deus é sagrado — e isto sois vós» (1 Cor 3, 17). Assim, se Deus habita seu templo e esse templo são os santos, a expressão «que estais no céu» pode ser interpretada como «que estais nos santos». E tal comparação é das mais apropriadas, pois, por meio dela, percebemos que a diferença espiritual entre os justos e os pecadores é tão grande quanto a diferença entre o céu e a terra.

Para demonstrar tudo isso, voltamo-nos ao Oriente — que é onde o céu começa — quando fazemos nossas orações. Não se trata de dizer que Deus habita ali, como se aquele que está presente em toda parte (sem ocupar espaço, mas pelo poder de sua majestade) houvesse renegado as outras partes do mundo. Mas voltamo-nos para o Oriente a fim de indicar ao intelecto que ele deve se voltar para uma natureza mais perfeita — isto é,

CAPÍTULO 17. SANTO AGOSTINHO

para Deus — quando nossos corpos, que são materiais, voltam-se para um corpo material mais perfeito: o céu[1].

É também apropriado e muitíssimo conveniente para a religião que todos os homens — os pequenos e os grandes — possam ter em si uma visão elevada e digna de Deus. Com relação, portanto, àqueles homens que ainda se encontram inebriados pelas belezas do mundo visível e não conseguem imaginar nada incorpóreo — homens que necessariamente preferem o céu à terra —, as opiniões deles são mais toleráveis se acreditam que Deus, visto por eles ainda com base nas categorias materiais, está no céu em vez de estar na terra. Assim, quando no futuro vierem a aprender que a dignidade da alma excede mesmo a dignidade de um corpo celeste, poderão buscá-Lo na alma em vez de buscá-Lo em um corpo que está no céu. O mesmo ocorrerá quando tiverem aprendido também quão grande é a distância entre as almas dos pecadores e as dos justos. Enquanto sua sabedoria vem apenas da carne, eles não conseguem notar a presença de Deus na terra, apenas no céu; depois, no entanto, com maior fé ou inteligência, poderão buscá-Lo novamente nas almas dos justos em vez de buscá-Lo nas dos pecadores. Assim, quando dizemos «Pai nosso, que estais no céu», dizemos que Deus está nos corações dos justos, que são seu santo Templo. Por outro lado, o que reza deseja que Deus venha habitar nele; quem se esforçar nesse sentido praticará a justiça — um tipo de serviço por meio do qual Deus é chamado a viver em nossa alma.

Agora que já dissemos quem é o destinatário da oração e o local onde Ele habita, vejamos pelo que se deve rezar.

A primeira coisa é mencionada no pedido que diz: *santificado seja o vosso nome* (Mt 6, 9). Pedimo-lo não para santificar

---

(1) De acordo com São Basílio Magno (*Sobre o Espírito Santo*, n. 66), os cristãos rezam voltando-se para o Oriente deste os tempos dos apóstolos. Cf. também Cardeal Joseph Ratzinger, *The Spirit of the Liturgy*, trad. John Saward, Ignatius Press, São Francisco, 2000, p. 74-84.

COMPREENDER O PAI-NOSSO

um nome que ainda não é santo, mas para que esse nome possa ser tido como santo por todos — isto é, para que Deus possa se tornar conhecido entre os homens de tal modo que nada seja para eles mais santo e nenhum nome mais respeitado que o nome de Deus. Se está escrito: «Deus se fez conhecer na Judeia, seu nome é grande em Israel» (Sl 75, 2), disso não se extrai que Deus é menor num lugar e maior noutro, mas que o nome dEle é grande nos lugares onde Ele é nomeado de acordo com a grandeza da sua majestade. Assim, diz-se que o nome dEle é santo nos lugares onde Ele é nomeado com veneração e profundo respeito. E isso é o que acontece no presente, na medida em que o Evangelho, fazendo-se conhecer em toda parte e por todas as nações, louva o nome do Deus único por meio do ministério do Filho dEle.

Em seguida, o segundo pedido: *venha a nós o vosso reino* (Mt 6, 10). O próprio Senhor nos ensina no Evangelho que o dia do Juízo Final virá justamente quando o Evangelho tiver sido proclamado a todas as nações (cf. Mt 24, 14) — algo que tem relação com a santificação do nome de Deus. Pois esse pedido — «venha a nós o vosso Reino» — também não significa que Deus ainda não reina no presente. Talvez alguém diga que o verbo «vir» significa «vir à terra», como se Deus não estivesse reinando sobre a terra no presente, e como se não tivesse aqui reinado desde a criação do mundo. Deve-se compreender, portanto, que «vir» tem o sentido de «manifestar-se aos homens». Pois do mesmo modo como uma luz pode estar presente sem ser notada pelos cegos ou por aqueles que têm os olhos cerrados, também o Reino de Deus, embora jamais se ausente da terra, não é notado por aqueles que o ignoram. Contudo, ninguém poderá ignorar o Reino de Deus quando o Unigênito vier do céu, não apenas de forma a ser apreendido pelo intelecto, mas também visivelmente na Pessoa do Homem Divino, para julgar os vivos e os mortos. Depois desse julgamento, quando os justos

CAPÍTULO 17. SANTO AGOSTINHO

tiverem sido separados dos ímpios, Deus habitará os justos de tal modo que ninguém precisará ser ensinado pelos homens, já que, como está escrito, «serão instruídos pelo Senhor» (Is 54, 13; cf. Jo 6, 45). Então a vida bem-aventurada será plena nos santos por toda a eternidade, assim como agora ocorre com os santíssimos anjos do céu, que são sábios e bem-aventurados por terem a Deus como Luz. O Senhor prometeu isso também aos seus: «Na ressurreição, [os homens] serão como os anjos de Deus no céu» (Mt 22, 30).

Portanto, depois de pedirmos «venha a nós o vosso reino», segue-se: *seja feita a vossa vontade, assim na terra como no céu* (Mt 6, 10). Em outras palavras: assim como a vossa vontade está nos anjos no céu, de modo que eles se apegam unicamente a Vós e desfrutam da vossa presença (sem que nada lhes turve a visão nem a miséria lhes afete negativamente), que assim se faça também nos vossos santos que estão na terra e que são feitos de pó (no que diz respeito à composição material do corpo), mas que um dia serão levados da terra e convidados a adentrar uma habitação e um convívio celestes. A isso também se faz referência naquela doxologia dos anjos: «Glória a Deus no mais alto dos céus e na terra paz aos homens, objetos da benevolência» (Lc 2, 14). Quando a nossa boa vontade segue a voz daquele que chama, a vontade de Deus passa a existir de maneira mais plena em nós, do mesmo modo como existe nos anjos do céu. Nenhum antagonismo se coloca como obstáculo à nossa bem--aventurança, e a isso chamamos paz.

Também se pode compreender o sentido da frase «seja feita a vossa vontade» da seguinte maneira: que os vossos preceitos sejam obedecidos assim na terra como no céu, isto é, pelos homens tanto quanto pelos anjos. Pois o próprio Senhor diz que a vontade de Deus se faz quando os preceitos dEle são obedecidos: «Meu alimento é fazer a vontade daquele que me enviou e cumprir a sua obra» (Jo 4, 34); e: «Pois desci do céu não para

COMPREENDER O PAI-NOSSO

fazer a minha vontade, mas a vontade daquele que me enviou» (Jo 6, 38); e ainda: «Eis aqui minha mãe e meus irmãos. Todo aquele que faz a vontade de meu Pai que está nos céus, esse é meu irmão, minha irmã e minha mãe» (Mt 12, 49-50). A vontade de Deus, portanto, cumpre-se naqueles que a realizam, e isso não porque eles fazem que Deus tenha esta ou aquela vontade, mas porque agem de acordo com o que Deus deseja (isto é, de acordo com a vontade dEle).

Há ainda aquela outra interpretação do trecho que diz «seja feita a vossa vontade, assim na terra como no céu»: como nos santos e justos, assim também nos pecadores. Ora, essa interpretação pode ser compreendida de duas formas. Primeiro: devemos rezar mesmo por nossos inimigos (que outro termo haveríamos de empregar para nos referir às pessoas que se opõem à expansão do cristianismo e do catolicismo?). Dizemos, portanto, «assim na terra como no céu» como quem diz: «como os justos fazem a vossa vontade, que assim também os pecadores possam fazê-la, para que se convertam a Vós», ou «que a vossa vontade seja feita na terra e no céu, para que todos recebam aquilo que merecem». O segundo modo de abordar essa interpretação é compreendê-la no contexto do Juízo Final — o dia em que o justo será brindado com sua recompensa e o pecador, punido com sua condenação; o dia em que as ovelhas serão separadas dos cabritos (cf. Mt 25, 33).

Há outra interpretação que nada tem de absurda e que, de fato, encontra-se plenamente de acordo com a nossa fé e com a nossa esperança. Segundo ela, dizemos céu e terra com o sentido de espírito e carne. E se o apóstolo diz: «Assim, pois, de um lado, pelo meu espírito, sou submisso à lei de Deus; de outro lado, por minha carne, sou escravo da lei do pecado» (Rm 7, 25), isso indica que a vontade de Deus se faz na mente, isto é, no espírito. Mas quando a morte tiver sido devorada pela vitória e esse corpo mortal tiver sido imortalizado — algo que deverá ocorrer

CAPÍTULO 17. SANTO AGOSTINHO

por meio da ressurreição da carne e da transformação prometida aos justos, de acordo com a previsão desse mesmo apóstolo (cf. 1 Cor 15, 42,45) —, que então seja feita a vontade de Deus na terra assim como ela é feita no céu. Em outras palavras, que as coisas se passem do seguinte modo: assim como o espírito não resiste a Deus, mas O segue e faz Sua vontade, que o corpo tampouco resista ao espírito ou à alma, presentemente assediados pela fraqueza corpórea e suscetíveis aos hábitos da carne.

Esse será um elemento da perfeita paz na vida eterna: que não apenas a vontade esteja presente conosco, mas que também estejam presentes os bons atos. Diz o apóstolo: «Querer o bem está em mim, mas não sou capaz de efetuá-lo» (Rm 7, 18). Pois a vontade de Deus ainda não está feita na terra assim como está feita no céu (isto é, na carne assim como no espírito). A vontade de Deus se faz até mesmo em nossa miséria, quando sofremos na carne aquelas coisas que merecemos sofrer em virtude da nossa mortalidade e do pecado que macula a nossa natureza. Mas devemos rezar para que a vontade de Deus se faça assim na terra como no céu. E isso quer dizer: assim como nosso coração (o íntimo de nosso ser) se deleita na lei de Deus (cf. Rm 7, 22), que nenhuma parte de nós, após termos sido submetidos à transformação do corpo, oponha-se a esse deleite por tristezas ou prazeres terrenos.

Tampouco é incompatível com a verdade a seguinte perspectiva: que devemos compreender as palavras «seja feita a vossa vontade, assim na terra como no céu», como «assim como em Nosso Senhor Jesus Cristo, também na Igreja». É como se disséssemos: «Assim como no Homem que cumpriu a vontade de Deus, também na mulher que Ele desposou». Céu e terra são apropriadamente compreendidos como homem e esposa, uma vez que a terra dá fruto porque o céu a fertiliza.

O quarto pedido é: *O pão nosso de cada dia nos dai hoje* (Mt 6, 11). O pão de cada dia significa todas aquelas coisas

COMPREENDER O PAI-NOSSO

que satisfazem as necessidades da vida, com relação às quais Ele ensina: «Não vos preocupeis, pois, com o dia de amanhã» (Mt 6, 34). Por isso se acrescenta «nos dai hoje» ao final do pedido. Também pode significar o Sacramento do Corpo de Cristo, que recebemos diariamente, ou pode significar o alimento espiritual, sobre o qual o mesmo Senhor nos diz: «Trabalhai, não pela comida que perece, mas pela que dura até a vida eterna» (Jo 6, 27); e também: «Eu sou o pão que desceu do céu» (Jo 6, 41). Qual dessas três visões é a mais apropriada? Essa é uma questão sobre a qual devemos refletir. Talvez alguém pergunte por que devemos rezar para obter as coisas que nos são necessárias nesta vida — alimento e vestimentas, por exemplo —, quando o próprio Senhor nos diz: «Não vos preocupeis por vossa vida, pelo que comereis, nem por vosso corpo, pelo que vestireis» (Mt 6, 25). Será que é possível não nos inquietarmos com relação a algo que rezamos para obter? Ora, é certo que devemos rezar com profunda sinceridade; por essa razão, aquilo que foi dito sobre fecharmos a porta do nosso quarto aplica-se também às nossas orações (cf. Mt 6, 6), e o mesmo vale para o preceito: «Buscai em primeiro lugar o Reino de Deus e a sua justiça, e todas estas coisas vos serão dadas em acréscimo» (Mt 6, 33). Também é certo que Jesus não diz: «Buscai em primeiro lugar o Reino de Deus, e em seguida buscai todas estas coisas»; Ele diz: «todas estas coisas vos serão dadas em acréscimo», ou seja, «a despeito de as buscardes ou não». Não sei se é possível chegar a uma conclusão em relação a isso — como pode alguém dizer que não busca algo cuja obtenção é matéria de sua oração sincera.

(...) Resta, portanto, que devemos compreender o pão de cada dia como os preceitos espirituais e divinos, pelos quais devemos nos esforçar e sobre os quais devemos meditar diariamente. Com relação a isso, diz o Senhor: «Trabalhai, não pela comida que perece, mas pela que dura até a vida eterna, que o

CAPÍTULO 17. SANTO AGOSTINHO

Filho do Homem vos dará» (Jo 6, 27). Essa comida, ademais, é chamada no presente de pão de cada dia, uma vez que esta vida temporal se mede com base em dias que começam e terminam. Enquanto os desejos da alma forem alternados — isto é, enquanto se dirigirem às vezes ao que é elevado, às vezes ao que é baixo; às vezes às coisas do espírito, às vezes às coisas da carne (como é o caso do homem que hoje está bem alimentado e amanhã está com fome) —, enquanto isso for verdade, o pão continuará sendo uma necessidade diária para alimentar os famintos e erguer os caídos. Assim como o nosso corpo material, não tendo passado ainda pela grande transformação, depende do alimento para repor nossas perdas diárias, também a alma, em sua jornada rumo a Deus, enfrenta perdas relacionadas aos desejos temporais e precisa, portanto, ser revigorada pelo alimento advindo dos preceitos.

Ademais, dizemos «nos dai hoje» tendo por base a ideia de vida temporal. Depois desta vida teremos alimento espiritual em tamanha abundância que já não fará sentido falar em «pão de cada dia». Lá, o passar do tempo, que causa a sucessão dos dias (e que nos permite dizer «hoje»), não existirá. Devemos, portanto, compreender a expressão «nos dai hoje» conforme o Salmo que diz: «Oxalá ouvísseis hoje a sua voz!» (Sl 94, 7), e também conforme a interpretação do apóstolo na Epístola aos Hebreus: «Todo o tempo compreendido na palavra hoje» (Hb 3, 13). Porém, alguém poderia sugerir que a frase em questão deve ser compreendida como uma referência ao alimento que nos é fisicamente necessário, ou então ao Sacramento do Corpo do Senhor. Devemos, portanto, articular esses três significados. Quando rezamos pelo pão de cada dia, pedimos que nos sejam concedidas essas três coisas simultaneamente: o pão necessário ao corpo; o Santo Pão visível; e o pão invisível, que é a Palavra de Deus.

O quinto pedido diz: *perdoai-nos as nossas dívidas, assim como nós perdoamos aos nossos devedores* (Mt 6, 12). É evidente

COMPREENDER O PAI-NOSSO

que as «dívidas» em questão são os pecados, uma vez que o próprio Senhor afirma: «Em verdade te digo: dali não sairás antes de teres pago o último centavo» (Mt 5, 26). E Ele chamou de «devedores» os homens que haviam sido mortos: aqueles sobre os quais caiu a torre e aqueles cujo sangue fora misturado com o sangue sacrificial pelo rei Herodes. Ele disse que, segundo a crença geral, aqueles homens haviam morrido porque tinham mais pecados do que os outros. E acrescentou: «Não, digo-vos. Mas se não vos arrependerdes, perecereis todos do mesmo modo» (Lc 13, 3).

Aqui, portanto, o termo «dívidas» não tem sentido monetário, referindo-se, antes, aos pecados que outras pessoas possam ter cometido contra nós. Pois nós fomos instruídos a perdoar dívidas monetárias por outro preceito que já nos havia sido dado antes: «Se alguém te citar em justiça para tirar-te a túnica, cede-lhe também a capa» (Mt 5, 40). Tampouco nos é necessário perdoar as dívidas monetárias de todos aqueles que são nossos devedores, mas apenas as dívidas daqueles que, não desejando nos pagar, chegam ao ponto de querer levar a questão à justiça. «Não convém a um servo do Senhor altercar» (2 Tm 2, 24), como diz o apóstolo. Portanto, devemos perdoar os que não estiverem dispostos a pagar suas dívidas (nem espontaneamente, nem sendo cobrados). E o fato de não estarem dispostos a pagar pode ter duas causas: ou eles não têm a quantia necessária, ou são gananciosos e avarentos com relação às posses dos outros. Ambas as causas estão ligadas à pobreza — a primeira, à pobreza material; a última, à pobreza moral. Quem quer que perdoe um devedor, portanto, perdoará um homem pobre e agirá, com isso, de maneira cristã, pois a regra manda que estejamos mentalmente preparados para deixar de receber aquilo que nos é devido. Se tentamos, com calma e gentileza, obter o pagamento da dívida focando menos na quantia em si do que na possibilidade de convencer o devedor a fazer

CAPÍTULO 17. SANTO AGOSTINHO

aquilo que é certo (posto que, sem dúvida, é danoso para ele possuir meios para pagar e ainda assim se recusar a fazê-lo), não só estaremos livres do pecado como também teremos prestado um grande serviço ao devedor que procura tirar vantagem do dinheiro alheio sacrificando a própria fé (algo muitíssimo mais sério, sem possibilidade de comparação).

Assim se compreende que, nesse quinto pedido, quando dizemos «perdoai-nos as nossas ofensas», não se trata de dar a essas palavras um sentido monetário, mas de fazer referência a todos os pecados cometidos contra nós (incluindo os que envolvem o dinheiro). Pois o homem que tem recursos para pagar o que nos deve e mesmo assim se recusa a fazê-lo está cometendo um pecado contra nós. E, se não o perdoamos, tornamo-nos incapazes de dizer: «Perdoai-nos assim como nós perdoamos». Se, por outro lado, concedemos o perdão, fica claro para nós que aqueles que são instruídos a rezar dessa maneira também são admoestados a perdoar as dívidas monetárias.

De fato, esse pedido pode ser posto de outra maneira. Se somos instruídos a dizer: «Perdoai-nos as nossas dívidas, assim como nós perdoamos os nossos devedores», só infringimos a regra contida nessa afirmação quando não perdoamos aqueles que nos pedem perdão, uma vez que também desejamos ser perdoados por nosso glorioso Pai quando pedimos o perdão dEle. Por outro lado, se somos instruídos a rezar por nossos inimigos, isso significa que não devemos rezar por aqueles que já vieram nos pedir perdão, uma vez que eles não se comportam como nossos inimigos. É impossível, no entanto, afirmar de maneira sincera que estamos rezando por uma pessoa à qual ainda não concedemos o perdão. Por isso, se desejamos que os pecados que cometemos contra o nosso Pai nos sejam perdoados, devemos dar como perdoados também os pecados cometidos contra nós.

O sexto pedido diz: *e não nos deixeis cair em tentação, mas livrai-nos do mal* (Mt 6, 13). Alguns manuscritos trazem a ex-

COMPREENDER O PAI-NOSSO

pressão «ser levado à tentação» em lugar de «cair em tentação», que é, julgo eu, equivalente no que diz respeito ao sentido, pois ambas as traduções surgiram do mesmo termo grego. Assim, ao rezar a oração, há quem diga: «não permita que sejamos levados à tentação». Pois Deus não nos leva à tentação, mas permite que a ela sejam levados os homens privados do auxílio divino, de acordo com desígnios ocultos e questões de mérito. É frequente que Deus, por razões manifestas, julgue um homem digno de ser privado do auxílio divino e permita que ele seja levado à tentação.

Mas uma coisa é ser tentado e outra, sucumbir à tentação. Pois, sem a tentação, ninguém pode ser posto à prova — nem a seus próprios olhos, conforme está escrito: «Aquele que não tem experiência pouca coisa sabe» (Eclo 34, 10); nem aos olhos dos outros, conforme diz o apóstolo: «E fui para vós uma provação por causa do meu corpo. Mas nem por isto me desprezastes nem rejeitastes» (Gl 4, 14). A partir dessa circunstância, São Paulo pôde concluir que os gálatas se mantiveram firmes na fé, pois não se afastaram da caridade por causa das tribulações carnais que sobrevieram ao apóstolo. Mesmo antes de todas as tentações, somos conhecidos por Deus, que sabe de todas as coisas antes que elas aconteçam.

Quando, portanto, se diz: «O Senhor, vosso Deus, vos põe à prova para ver se o amais de todo o vosso coração e de toda a vossa alma» (Dt 13, 3), a palavra «ver» reflete a vontade de Deus, ou seja: que os homens possam ver. É dessa maneira que usamos o termo «dia feliz» para falar de um dia que nos traz alegria, ou «frio letárgico» para falar daquele tipo de frio que nos inibe o movimento. Assim fazemos também com inúmeras outras expressões do mesmo gênero — expressões que se encontram na fala comum, no discurso dos homens letrados e nas Sagradas Escrituras. E os hereges que se opõem ao Antigo Testamento, incapazes de compreender isso, atribuem à

CAPÍTULO 17. SANTO AGOSTINHO

ignorância a frase «o Senhor, vosso Deus, vos põe à prova» —
como se no Evangelho não estivesse escrito: «Falava assim para
o experimentar, pois bem sabia o que havia de fazer» (Jo 6, 6).
Ora, se Ele conhecia o coração daquele homem que foi posto
à prova, o que exatamente queria descobrir ao testá-lo? Com
efeito, Deus permitiu a tentação para que o homem pudesse
conhecer a si mesmo e condenar seu próprio desespero com
relação às multidões que se alimentavam com o pão do Senhor
(pois ele pensava que aqueles homens não tinham o suficiente
para comer).

Logo, a intenção não é pedir para que não sejamos tentados, mas para que não caiamos em tentação. Se alguém precisa
passar por uma prova fogo, por exemplo, esse alguém não deve
rezar pedindo para não ser tocado pelo fogo, mas para não ser
consumido por ele. Pois «a fornalha experimenta as jarras do
oleiro; a prova do infortúnio, os homens justos» (Eclo 27, 5).
José, portanto, foi tentado por seduções impuras, mas não caiu
em tentação (cf. Gn 39, 7-12). Suzana foi tentada, mas tampouco caiu em tentação (cf. Dn 13, 19-23); e assim se deu com
muitas outras pessoas, de ambos os sexos. Mas Jó foi tentado
com mais intensidade do que os outros. Com relação à admirá-
vel firmeza com que Jó se manteve fiel ao Senhor seu Deus, os
hereges que gostam de ridicularizar o Antigo Testamento com
sua fala sacrílega lançam mão sempre de uma mesma passagem:
aquela em que Satanás implora a Deus para tentar Jó (cf. Jó 1,
11). Em seguida, perguntam a homens de pouco intelecto (os
quais não têm condições de compreender esses assuntos): como
pôde Satanás conversar com Deus? Esses hereges não entendem
(pois não têm tal capacidade, uma vez que estão vendados pela
superstição e pela controvérsia) que Deus não ocupa espaço por
sua massa corporal. Deus não existe neste ou naquele lugar,
nem está parcialmente aqui e ali; Ele está presente em toda parte, e sua majestade é sempre completa, jamais dividida.

COMPREENDER O PAI-NOSSO

Consideremos o seguinte trecho da Escritura: «O céu é meu trono e a terra, meu escabelo» (Is 66, 1), do qual Nosso Senhor também dá testemunho: «Não jureis de modo algum, nem pelo céu, porque é o trono de Deus, nem pela terra, porque é o escabelo de seus pés» (Mt 5, 34-35). Ora, se esses hereges interpretam o trecho de modo material, por que haveriam de questionar como o diabo, estando na terra, pôde se colocar aos pés de Deus e dizer algo na presença dEle? Quando conseguirão compreender que Deus fala à consciência de todas as almas capazes de raciocinar, por mais maldosas que sejam? Pois quem, além de Deus, teria posto a lei da natureza no coração dos homens? A respeito dessa lei, diz o apóstolo:

> Os pagãos, que não têm a lei, fazendo naturalmente as coisas que são da lei, embora não tenham a lei, a si mesmos servem de lei; eles mostram que o objeto da lei está gravado nos seus corações, dando-lhes testemunho a sua consciência, bem como os seus raciocínios, com os quais se acusam ou se escusam mutuamente. Isso aparecerá claramente no dia em que, segundo o meu Evangelho, Deus julgar as ações secretas dos homens, por Jesus Cristo (Rm 2, 14-16).

As almas racionais, portanto, pensam e raciocinam mesmo cegas pelas paixões. E com relação àquilo que de verdadeiro elas pensam, atribuímo-lo não a elas próprias, mas à luz da verdade por meio da qual são iluminadas — ainda que de maneira fraca, e sempre de acordo com suas capacidades. Ora, diante de tudo isso, por que deveríamos nos espantar que o espírito perverso do demônio, se bem que dominado por paixões desenfreadas, tenha sido capaz de ouvir do próprio Deus (isto é, da própria Verdade) tudo aquilo que de verdadeiro ele veio a entreter sobre Jó — o homem justo que ele tinha o intento de pôr à prova? Tudo que houve de falso nesse episódio, todavia, deve ser atri-

CAPÍTULO 17. SANTO AGOSTINHO

buído àquelas paixões desenfreadas que lhe renderam o nome de demônio.

Observa-se também que Deus, Senhor e Administrador de tudo e fazendo concessões aos homens por critérios de mérito, frequentemente fala por meio de criaturas corpóreas e visíveis, tanto para o bem quanto para o mal — como, por exemplo, por meio dos anjos, que já apareceram sob aspecto humano, e dos profetas, que dizem: «Assim diz o Senhor». Por que deveríamos nos espantar, portanto, que Deus tenha falado com o demônio (não por meio dos pensamentos, e sim de uma criatura escolhida para esse fim)?

Tampouco devem os hereges imaginar que Deus se tornou indigno ao falar com Satanás, pois Ele falou com um espírito angelical, ainda que se tratasse de um espírito tolo e pervertido, da mesma maneira como fala com homens de espírito tolo e pervertido. Ou então que nos digam os hereges como Deus falou com aquele homem rico cuja estúpida ganância Ele desejava censurar, dizendo: «Insensato! Nesta noite ainda exigirão de ti a tua alma. E as coisas que ajuntaste, de quem serão?» (Lc 12, 20). O Senhor pronuncia essas palavras no Evangelho, diante do qual esses hereges — quer queiram, quer não — dobram o pescoço. Mas, se eles não compreendem por que Satanás pediu permissão a Deus para submeter um homem justo à tentação, não lhes explico como isso pôde acontecer; em vez disso, peço que me expliquem por que o Senhor disse as seguintes palavras a seus discípulos no Evangelho: «Eis que Satanás vos reclamou para vos peneirar como o trigo» (Lc 22, 31). Pergunto-lhes também por que Ele disse a Pedro: «Mas eu roguei por ti, para que a tua confiança não desfaleça» (Lc 22, 32). Ao me explicarem essas coisas, eles terão respondido à pergunta que primeiramente me formularam. Mas, se não forem capazes de explicá-las, que não ousem reprovar num livro da Escritura aquilo que no Evangelho não lhes causou escândalo algum.

COMPREENDER O PAI-NOSSO

As tentações, portanto, ocorrem por meio de Satanás — não pelo poder dele, mas pela permissão de Deus — e têm o propósito de punir os homens por seus pecados, ou ainda de prová-los e aprimorá-los em sintonia com a compaixão de Deus. E há uma grande diferença de natureza no que diz respeito às tentações nas quais cada um de nós pode cair. Pois a tentação em que caiu Judas — que vendeu seu Senhor — tem natureza diferente daquela em que caiu Pedro — que, sob influência do terror, negou seu Senhor. Creio também que há tentações comuns aos homens — quando, por exemplo, são acometidos pela fraqueza humana e terminam por fracassar em algum projeto, embora inicialmente pudesse ter boas intenções; ou quando, no afã de corrigir um irmão e trazê-lo de volta ao caminho do bem, irritam-se contra ele além da medida recomendada a um cristão. Com relação a essas tentações, diz o apóstolo: «Não vos sobreveio tentação alguma que ultrapassasse as forças humanas»; e logo em seguida completa: «Deus é fiel: não permitirá que sejais tentados além das vossas forças, mas com a tentação ele vos dará os meios de suportá-la e sairdes dela» (1 Cor 10, 13). Diante dessas colocações, fica evidente que não devemos rezar para que não sejamos tentados, mas para que não caiamos em tentação. Pois caímos apenas quando somos submetidos a tentações que não conseguimos suportar. Porém, se é verdade que as tentações perigosas (nas quais seria extremamente danoso que caíssemos) surgem de circunstâncias temporais prósperas ou adversas, ninguém será derrubado pelas vicissitudes da adversidade, contanto que também não se deixe aprisionar pelo encanto da prosperidade.

O sétimo e último pedido é: *mas livrai-nos do mal* (Mt 6, 13). Devemos rezar não apenas para que Deus não nos deixe cair em tentação no futuro (algo que aparece no sexto pedido), mas também para que nos libertemos do mal já cometido.

CAPÍTULO 17. SANTO AGOSTINHO

E depois de havermos sido livrados dessas duas formas, nada de apavorante restará, nem haverá tentação capaz de nos assustar. Nesta vida, entretanto, estamos sujeitos à mortalidade que fomos persuadidos a abraçar pela serpente; assim, não devemos imaginar que esse livramento total possa nos sobrevir plenamente no presente, mas antes esperar que ele ocorra no futuro. E essa é a esperança que não se vê, sobre a qual disse o apóstolo: «Ora, ver o objeto da esperança já não é esperança; porque o que alguém vê, como é que ainda o espera?» (Rm 8, 24). No entanto, a sabedoria que podemos obter no presente não deve ser desprezada pelos fiéis servos de Deus. Com determinação e cautela, devemos nos afastar daquilo que, segundo compreendemos por revelação do Senhor, pede afastamento. Da mesma forma, devemos, com profundo amor, buscar aquilo que deve ser buscado, segundo compreendemos também por revelação do Senhor. E depois que o fardo da nossa mortalidade nos tiver sido tirado pela morte, estará perfeita e completa em cada aspecto do homem a bem-aventurança que começou já nesta vida e que constantemente nos esforçamos ao máximo para obter.

A distinção entre esses sete pedidos deve ser ponderada e enaltecida. Nossa existência temporal está transcorrendo agora, e o que é eterno nos surge como algo que esperamos obter no futuro; as coisas eternas são superiores em sua dignidade, ainda que só possamos chegar a elas depois de passar pela vida deste mundo. A santificação do nome de Deus começa com a vinda do Senhor da humildade; o advento do Reino dEle, no qual Ele reinará com todo o esplendor, será manifesto não após o fim do mundo, mas antes dele; e o perfeito cumprimento da vontade de Deus no céu e na terra (a despeito de compreendermos «céu e terra» como «justos e pecadores», ou «espírito e carne», ou «o Senhor e a Igreja», ou todas essas coisas juntas) virá junto com a plenitude da nossa bem-aventurança — no termo do mundo,

COMPREENDER O PAI-NOSSO

portanto. No entanto, esses três pedidos[2] permanecerão até mesmo na eternidade. A santificação do nome de Deus se dará para sempre; o Reino dEle não terá fim; e a vida eterna nos é prometida no contexto da plena bem-aventurança. Portanto, essas três coisas permanecerão consumadas e completas naquela vida que nos foi prometida.

Mas os outros quatro pedidos parecem pertencer à existência temporal. A primeira delas é: *O pão nosso de cada dia nos dai hoje* (Mt 6, 11). Não importa se compreendemos o «pão de cada dia» como o pão espiritual, como a parte visível do Sacramento ou como o nosso sustento material — o fato é que «pão de cada dia» pertence ao presente, que Ele chamou de «hoje» não porque o alimento espiritual não dure para sempre, mas porque aquilo que nas Escrituras chamamos de «pão de cada dia» se faz presente para a alma ou pelo som dessas palavras, ou pelos sinais temporais. Tais sinais temporais certamente terão deixado de existir quando «todos serão ensinados por Deus» (Jo 6, 45; cf. Is 54, 13), e assim os homens não se ensinarão uns aos outros pelo movimento de seus corpos, mas todos poderão por si mesmos beber da inefável luz da Verdade. Talvez haja outra razão para que falemos em pão, e não em bebida, pois o pão nos nutre quando o partimos e mastigamos (assim como as Escrituras alimentam a alma ao serem abertas e se tornarem tema de meditação), mas a bebida, quando preparada, passa diretamente pelo corpo. No presente, portanto, a verdade é o pão que chamamos de «pão de cada dia»; no futuro, por outro lado, ela será bebida, pois não haverá mais necessidade de debater e meditar (como agora há necessidade de partir e mastigar), porém apenas de beber a verdade pura e límpida.

---

(2) Isto é: «santificado seja o vosso nome», «venha a nós o vosso reino» e «seja feita a vossa vontade, assim na terra como no céu». [N. T.]

CAPÍTULO 17. SANTO AGOSTINHO

E os pecados nos são perdoados no presente, assim como nós perdoamos aos outros pelos pecados que cometem contra nós — esse é o segundo dos quatro pedidos que restam —, mas no futuro não haverá mais o perdão dos pecados, porque não haverá pecado. E as tentações nos assolam nesta vida temporal, mas tampouco existirão quando estiverem em pleno efeito as palavras: «Sob a proteção de vossa face os defendeis» (Sl 30, 21). E o livramento dos males (assim como o livramento do mal em si) é algo que certamente pertence a esta vida. Por sermos mortais, merecemos padecer o mal nas mãos da justiça divina, mas somos livrados dele pela misericórdia de Deus.

O caráter setenário desses pedidos me parece também corresponder ao número setenário do qual todo este sermão deriva [isto é, o Sermão da Montanha]. Se os pobres de espírito tornam-se bem-aventurados por meio do temor de Deus (porque deles é o Reino dos Céus), devemos então pedir que o nome de Deus seja santificado entre os homens, pois «o temor do Senhor é luminoso, esclarece os olhos» (Sl 19, 9).

Se os mansos tornam-se bem-aventurados por meio da piedade (porque assim herdarão a terra), devemos então pedir que o Reino de Deus venha, quer seja sobre nós (para que sejamos mansos e não façamos nenhum esforço contra Deus), quer seja do céu à terra, no esplendor do Advento do Senhor, em que nos regozijaremos e viveremos plenamente ao ouvir: «Vinde, benditos de meu Pai, tomai posse do Reino que vos está preparado desde a criação do mundo» (Mt 25, 34). Pois o profeta diz: «Glorie-se a minha alma no Senhor; ouçam-me os humildes, e se alegrem» (Sl 34, 3).

Se aqueles que choram tornam-se bem-aventurados por meio do conhecimento (porque assim serão confortados), devemos então pedir que a vontade dEle seja feita assim na terra como no céu, pois, quando o nosso corpo (que é, por assim dizer, terra) estiver em perfeita sintonia e paz com a alma (que

COMPREENDER O PAI-NOSSO

é, por assim dizer, céu), não choraremos mais: tudo aquilo que nos causa choro terá desaparecido. Nosso único motivo de choro no presente é o conflito entre o corpo e a alma, que nos leva a dizer: «Sinto, porém, nos meus membros outra lei, que luta contra a lei do meu espírito»; e a dar testemunho da nossa tristeza com voz lacrimosa: «Homem infeliz que sou! Quem me livrará deste corpo que me acarreta a morte?» (Rm 7, 23.24).

Se aqueles que têm fome e sede de justiça tornam-se bem-aventurados por meio da fortaleza (porque assim serão saciados), devemos então pedir que o pão nosso de cada dia nos seja dado hoje. Que, sustentados por esse pão, possamos chegar à mais abundante fartura.

Se os misericordiosos tornam-se bem-aventurados por meio da prudência (porque assim alcançarão a misericórdia), devemos então perdoar os que nos ofenderam pelas ofensas feitas contra nós e igualmente pedir que sejamos perdoados pelas ofensas que cometemos.

Se aqueles que têm o coração puro tornam-se bem-aventurados por meio do entendimento (porque assim verão a Deus), devemos então pedir para que Ele não nos deixe cair em tentação; do contrário, teremos um coração duplo, incapaz de perseguir um único bem, perdido na busca das coisas temporais e terrenas. Pois as tentações advindas das calamidades e das vicissitudes da vida nada poderão contra nós, caso tenhamos força para resistir às tentações relacionadas àquelas coisas que nos seduzem por nos parecerem boas e nos trazerem prazer.

Se os pacíficos tornam-se bem-aventurados por meio da sabedoria (porque assim serão chamados filhos de Deus), devemos então pedir que sejamos libertos do mal, pois aí então poderemos desfrutar da liberdade dos filhos de Deus, clamando, com espírito de adoção: «*Abba*! Pai!» (Rm 8, 15; Gl 4, 6).

Não devemos negligenciar que, dentre todos esses pedidos que nos foram ensinados, o Senhor julgou apropriado recomen-

CAPÍTULO 17. SANTO AGOSTINHO

dar-nos um deles de maneira especial: aquele que faz referência ao perdão dos pecados. Ele nos ensina esse pedido para que sejamos misericordiosos, já que a misericórdia é a única forma de escaparmos às nossas misérias. Em nenhum outro pedido rezamos como se estivéssemos firmando um pacto com Deus, pois dizemos: *perdoai-nos as nossas ofensas, assim como nós perdoamos os que nos ofenderam* (Mt 6, 12). E, se estamos no âmbito desse pacto e mesmo assim mentimos, toda a oração é infrutífera. Ele diz: «Porque, se perdoardes aos homens as suas ofensas, vosso Pai Celeste também vos perdoará» (Mt 6, 14).

Direção geral
Renata Ferlin Sugai

Direção editorial
Hugo Langone

Produção editorial
Juliana Amato
Gabriela Haeitmann
Ronaldo Vasconcelos
Roberto Martins

Capa
Gabriela Haeitmann

Diagramação
Sérgio Ramalho

ESTE LIVRO ACABOU DE SE IMPRIMIR
A 5 DE ABRIL DE 2024,
EM PAPEL PÓLEN BOLD 90 g/m^2.